全彩版

少年爱读的中国史

宋元明清卷

何殇 著

元朝

河北出版传媒集团
河北人民出版社
石家庄

图书在版编目（CIP）数据

少年爱读的中国史. 宋元明清卷. 2, 元朝 / 何殇著. —— 石家庄：河北人民出版社，2023.8
ISBN 978-7-202-16447-1

Ⅰ. ①少… Ⅱ. ①何… Ⅲ. ①中国历史－元代－少年读物 Ⅳ. ①K209

中国国家版本馆CIP数据核字（2023）第147354号

目录

1 一代天骄成吉思汗　　002
2 十三翼之战　　007
3 班朱尼河盟誓　　012
4 大将木华黎　　017
5 元太宗窝阔台　　022
6 放牧还是种地　　028
7 蒙古版"武则天"　　033
8 蒙哥继位之争　　038
9 元世祖忽必烈　　043
10 皇帝的巡回办公　　048

11 "紫金山五杰"之刘秉忠 | 053

12 马可·波罗中国之旅 | 057

13 守成之君 | 062

14 兄弟之约 | 067

15 "非法君主" | 072

16 两次即位的元文宗 | 076

17 亡国之君 | 080

18 脱脱改革 | 084

19 大明和北元 | 089

20 文人的哀叹 | 094

元朝（公元1271—1368年），是我国历史上由蒙古族建立的大一统朝代。

公元1206年，成吉思汗统一蒙古各部，建立了大蒙古国，先后攻灭西辽、西夏、花剌子模、金朝等政权。成吉思汗去世后，大蒙古国历任几位大汗，国家实力得到大力发展。蒙哥即位后，强化统治，加强中央集权。然而蒙哥去世后，由于他没有子嗣继承汗位，引发了兄弟阿里不哥与忽必烈的汗位之争，造成了大蒙古国分裂。

元世祖忽必烈于公元1271年建立了元朝，定都大都（今北京市）。公元1279年，元朝彻底消灭了南宋的流亡政权，统一了全国。

元朝中后期，皇帝频繁更迭，政治始终处于动荡之中。元朝末期，经济崩溃、通货膨胀，天灾不断，导致了全国农民起义频发。公元1368年，朱元璋建立明朝后，北伐攻陷元大都，元朝廷退居漠北，建立北元政权。

元朝与各国往来频繁，各地派遣的使节、传教士、商旅等络绎不绝。文人不受重视，在文化方面，诗词衰退，出现了元曲等更加世俗化的文化形式。

 一代天骄成吉思汗

公元 1162 年,一个婴儿在斡难河边呱呱坠地。与众不同的是,这婴儿的手中竟抓着一块石头般大小的黑色血块。一旁的众人啧啧称奇:"这孩子以后一定能在蒙古草原上做出一番成就!"

谁能想到,旁人的一句闲话竟一语成谶,这个婴儿就是铁木真,未来的"成吉思汗",大蒙古帝国的建立者。

铁木真的父亲也速该是蒙古乞颜部的首领。当时的蒙古正处在一个混乱的时代,各个部落之间相互征战、冲突不断。作为一个部落的领袖,也速该有很多敌人。铁木真九岁那年,也速该带着铁木真去往另一个部落求亲。定亲的过程很顺利,然而在返程途中,意外发生了,也速该被塔塔儿部毒杀。

铁木真所在的乞颜部因为群龙无首,四散分裂,部落成员抛弃了铁木真母子和他的几个兄弟。铁木真无忧无虑的童年在仓促之中就宣告结束,颠沛流离的少年时期开始了。

无依无靠的母子几人想在茫茫草原上生存下去可不容易,

铁木真的母亲带着孩子们在斡难河边寻找食物,他们每天捡野果、挖草根、钓鱼、抓老鼠。铁木真一下子从高高在上的部落继承人,变成了食不果腹的野人。

即使已经沦落到这个地步,上天仍然没有放过这个可怜的孩子。一起钓鱼打猎的几个兄弟经常欺负铁木真,抢走他的猎物。小铁木真虽然生气,但是想到这毕竟是自己在世上仅剩的亲人了,也无可奈何。

一天,铁木真的两个兄弟别克帖儿和别勒古台抢走了他钓上来的一条金色的

鱼，忍无可忍的铁木真终于爆发了。巨大的生活压力和草原上黑暗的生存环境本就让年幼的铁木真处于崩溃的边缘，再加上兄弟的欺凌，铁木真怒不可遏，他趁兄弟们不备，用箭射死了别克帖儿。

这一残忍的举动让他的母亲十分愤怒和悲痛，本就只剩下母亲和几个孩子相依为命，况且铁木真的哥哥犯下的也不是什么不可饶恕的过错，铁木真居然做出了兄弟相残的事情！她严厉地训斥了铁木真，铁木真也对自己所做的事情感到十分后悔，意识到了自己性格的偏激之处。铁木真未来的成就和母亲对他的教导有很大的关系。

然而除了兄弟的欺凌，敌人也在寻找铁木真的下落，他们害怕年幼的铁木真长大后为父亲报仇，决定要斩草除根。在大搜捕下，铁木真没能逃脱，被敌对的泰赤乌部抓住。幸而天无绝人之路，手足无措的铁木真被好心人发现，对方偷偷将他藏在羊毛里运走，这才使他逃出生天。

死里逃生的铁木真看着一望无际的草原，悲从中来，父亲被毒死后，自己与母亲、兄弟每天过着食不果腹的日子，现在连相依为命的几个亲人也被抓了，只剩下自己孤零零一个人。想要救出亲人，为父报仇，没有强大的实力，无疑比登天还难。

于是，铁木真投靠了父亲的兄弟——另一个大部落的首领王汗，还去找了自己的义兄弟札木合。在两人的帮助下，铁木真逐渐实力壮大，最后成功将仇敌消灭，把家人找了回来。而铁木真、札木合和王汗也在不断的胜利中打出了"草原三雄"的名号。

随着铁木真实力的不断壮大，他逐渐脱离了札木合和王汗，打算自己做出一番事业。在众多属下和父亲旧部的支持下，铁木真被推举为蒙古乞颜部的可汗。这时候的铁木真虽然被推举为首领，但还没有"成吉思汗"的名号。

在铁木真的领导下，乞颜部迅速发展壮大，引起札木合的不满。曾经的义兄弟反目成仇，札木合集结了十三个部落的三万余人，向铁木真发起进攻，双方大战于答阑巴勒主惕，最终铁木真失利，退到斡难河上源狭地。这就是著名的十三翼之战。

后来，铁木真联合王汗部，于阔亦田之战击败札木合等十二部联军。阔亦田之战后，铁木真在蒙古草原上除了王汗基本已经没有对手了。

可是"一山不容二虎"，蒙古草原上的王位谁都眼馋，铁木真和王汗也势必要刀剑相见。公元1203年，王汗与铁木真正式决裂，双方开战。一年后，王汗部落战败，王汗仓皇逃亡。随之而来的便是铁木真率领部落扫平了整个蒙古草原。

公元1206年，铁木真在斡难河源头召开"忽里勒台"，正式建立大蒙古国，被尊称为"成吉思汗"，蒙古语的意思是"拥有四海的强者"。

监国公主铜印
现藏内蒙古博物院

🍂 历史加油站

忽里勒台

忽里勒台是古代蒙古及突厥民族的一种军政议会，在蒙古语中是"会议""聚会"的意思。召开忽里勒台一般都是决定大事，比如推选大汗、指派领袖、给予地位和头衔或者展开军事行动策划等。不过，召开忽里勒台并不是独属于大汗或者君主的权力，一些级别较低的将领也可以召集小型的忽里勒台，但是必须有地位高的部落长老出席。

# 十三翼之战

在铁木真最为无助的时候,他父亲的结拜兄弟王汗,和他幼年时的安答(义兄弟)札木合帮助了他,甚至帮他夺回了被俘虏的妻子。可是时过境迁,随着铁木真的实力不断壮大,札木合开始把他看成眼中钉、肉中刺。

一件意外的事变成了结义兄弟之战的导火索。铁木真的一个手下术赤·答儿马剌有一片牧场,与札木合的弟弟给(dài)察儿的牧场相邻。一天清晨,术赤·答儿马剌起床发现自己牧场的马丢了十几匹。术赤·答儿马剌这下可急坏了,马匹对草原上的人来说十分重要,不仅是生活和战斗的好帮手,更是他们的好朋友。更别提这些马匹还不是他个人的,是属于整个部落的。

想到自己丢失马匹将要受到重罚,术赤·答儿马剌冷汗直流。会是谁偷的呢?数一数自己的仇家,术赤·答儿马剌恍然大悟,一定是札木合的弟弟给察儿!平日两人就经常因为一些鸡毛蒜皮的小事吵个不停,更别提现在铁木真和札木合还相互

敌视,这事儿他完全干得出来。

术赤·答儿马刺和同伴说了一声就赶紧跑了出去。果不其然,他偷偷接近给察儿的牧场后,看到了自己丢失的马匹。给察儿正指着马洋洋自得呢。气极了的术赤·答儿马刺拿起随身的弓箭狠狠地朝给察儿射了一箭,给察儿当时就气绝身亡了。按照草原规矩,偷马贼必须死。但是术赤·答儿马刺没想到,正是

因为他的这一箭，草原争霸战就此拉开了序幕。

得知弟弟的死讯，札木合立马集结了三万人马向铁木真的部落进军。这时候的铁木真甚至还不知道他的手下术赤·答儿马刺射死了札木合的弟弟。照这个趋势发展下去，铁木真必败无疑。也许是上天的眷顾，在札木合的兵马浩浩荡荡赶来的时候，两个想要投靠铁木真的人发现了他们的踪迹，并提前汇报给了铁木真。

在草原上，三万人马的军队可不容小觑，铁木真心里清楚，自己和札木合早晚必有一战。但因为实力还不如札木合，所以铁木真一直避开与他正面冲突。可现在，事情已经发生了，就算是自己低声下气去乞求札木合，他也不会放弃为弟弟报仇这等良机。

虽然铁木真也能勉勉强强动员起三万人马，但有很多是没有经过训练的，甚至称不上是士兵的牧民。看到铁木真还在犹豫，部下们早就吵翻天了。

"打吧！可汗！我们也未必怕了他们！"

"别犹豫了，可汗！"

听着部将们的呼声，铁木真心里清楚，这一仗是肯定要打，但是很难有必胜的把握。不过，输也分怎么输，铁木真看着自己的亲信和弟弟们，问道：

"你们怎么看这一仗？"

众人纷纷说出自己的想法，有表示不太看好这一仗的，也有积极献计献策的。只有大将木华黎沉着冷静地说："既然这场仗必须要打，那就需要做万全的准备。胜利了如何，失败了如何，必须做到胸有成竹……"

铁木真势力发展迅速，对于投靠的人也是来者不拒，这里面固然有真心的人，可也不乏墙头草。铁木真和木华黎对视一眼，一切尽在不言中：趁这一战，既要练兵也要趁机将这些墙头草从自己的队伍中清理出去。

第二天早晨，铁木真将自己的人马分成十三路迎敌，让一直有异心的部族和自己率领的本部人马作为先锋。大战开始，铁木真部落很快就落入了下风。

两边总人数看着一样多，但两军交锋时，札木合的队伍身经百战，总能死死压制住铁木真。铁木真一方只能被迫防守，疲惫不堪。不过，军事素养过硬的铁木真早就想到了这一点。

铁木真见军队败象已露，再战也无济于事，于是大手一挥，撤军哲列谷！哲列谷是以前铁木真打猎的时候经常走的地方，易守难攻，是个天然的防御场所。

札木合想要一举歼灭铁木真，但由于军队陷入了沼泽地，骑兵根本无法实现迂回包抄。铁木真率军安然退到了哲列谷。蒙古骑兵作战，攻击时一往无前，英勇无比，但在攻城掠寨方面就缺少耐性。而且，哲列谷地形险要，入口狭窄，大量兵力无法展开。

札木合眼看着铁木真的主力部队就要逃脱，气急败坏，竟然在自己占了上风的情况下，想了一个馊主意——为了震慑铁木真的军队，札木合丧心病狂地命人在谷口空地上摆开了七十口大锅，烹煮战俘示威。札木合沉浸在自己的聪明机智中，却没有发现阵营中很多人向他投来了厌恶的目光。

公元1190年的这一战，史称"十三翼之战"。札木合赢了战争，可他的残暴之举却令他失去了人心，与他结盟的其他部族对他产生了深深的厌恶，他的部下在看到他的行径后也开始担心起自己的未来，于是不少人战后都转而投奔了铁木真。

草原争夺战仍在继续……

历史加油站

蒙古文字

早先蒙古是没有自己的文字的，成吉思汗统一蒙古后，命令塔塔统阿用畏兀儿字母来创造蒙古文，也被称为"回鹘式蒙古文"。蒙古族有了独立的文字，交流起来更为方便，也更容易将自己的历史记录下来。后来，八思巴将自己根据吐蕃文字设计的一套蒙古新文字献给元世祖忽必烈，同年忽必烈下诏以这套文字为标准文字，统一蒙古语文字。元朝后期，回鹘式蒙古文又逐渐通行。

班朱尼河盟誓

十三翼之战铁木真虽然战败,却保存了自己的实力。更没想到的是,由于札木合的残暴,反而让人心倒向了铁木真这一边。于是,铁木真带着剩余的人马开始了一段高速发展时期。

铁木真待人真诚,对真心归顺的部落民众极好,不少蒙古部落都脱离了原本残暴的首领转投铁木真旗下。公元1196年,塔塔儿部反叛金朝被击溃,四散奔逃。铁木真闻讯,以"为父祖复仇"的名义召集军队进攻塔塔儿部。想当初,铁木真的父亲就是在返回部族的途中被塔塔儿人毒杀的。最后,铁木真成功攻破塔塔儿堡寨,完全占据了呼伦贝尔草原,这也就是著名的"斡里札河之战"。

这一战后,铁木真的威望和权势再上一层,还被金朝封赏。紧接着,他又以违背盟誓为由消灭了主儿乞部,彻底在乞颜贵族联盟中一家独大。

有了大批的兵马,铁木真和义父王汗不断南征北战,接连攻打数个蒙古部落,夺取部民,扩大势力。和铁木真已经撕破脸皮的札木合看着这一切有些坐不住了，他再次召集和铁木真有仇的部落，准备进攻铁木真，遏制他的发展。却没想到，铁木真已经势不可挡，札木合兵败，无奈之下投降了王汗。

这时候的王汗对铁木真也有一定的忌惮。虽然名为义父子，但铁木真的实力越强，对王汗的威胁也就越大。王汗也看得出来，铁木真已经从一只雏鹰变成了可以展翅高飞的雄鹰。仔细一想，王汗也不免冒出了冷汗：这铁木真怕不是要把我也取而代之吧！

桑昆是王汗唯一的儿子，但心眼儿却十分小。父亲有一个如此强大的义子，难保日后不会与他争夺继承权，因此他对铁木真十分痛恨。投降来的札木合与铁木真之间已经是不死不休的仇敌，札木合趁机鼓动桑昆劝说王汗夹击铁木真，一场针对铁木真的密谋就这样展开了。

公元1203年，王汗父子俩伪造了婚约，邀请铁木真来参加订婚宴，打算乘机谋害铁木真。一切都天衣无缝，现在就差铁木真前来参加这场"鸿门宴"了。王汗父子俩坐在帐中，浮想联翩，似乎已经能看到除去铁木真之后，父子俩雄霸草原的场面了。

铁木真收到邀请后没有怀疑，当时就准备前往，不料却被部下拦下。部下说收到了密报，王汗父子心怀不轨想要谋害他，铁木真连忙整军备战。王汗父子俩发现事情败露，干脆一不做二不休，召集全部兵力进攻铁木真，要与铁木真做个了断。

经过多年的发展，铁木真虽然实力大增，可毕竟不如王汗部落积累深厚。再加上札木合的军队参战，铁木真匆忙应战，这一场战斗的局势并不好。

双方人马混战，战斗极为惨烈，损失都很惨重，王汗的儿子桑昆被一箭射成重伤，幸好被部下所救，而铁木真的三儿子窝阔台也在战乱中失散。

面对着兵败的局面，铁木真强提起一口气，带领部众全力抗敌，最终得以逃生。但被王汗部队追击时，部众都走散了。

铁木真逃到班朱尼河河畔时，回头望去，身旁只剩十九位部下了。

回想这次兵败，铁木真心有不甘，高声大呼："谁助我完成大业！"十九位部下没有一个迟疑，当下回应，并立下约定誓死追随铁木真。

铁木真看着这十九位生死与共的兄弟，心头一热，指了指身旁的班朱尼河，对他们说："与我共饮此水者，世为我用。"

十九个人饮下浑浊的河水，铁木真也颇为动容，发下誓言："助我完成大业，我必将与你们同甘共苦。"十九名勇士闻言纷纷落泪。这就是著名的"班朱尼河盟誓"。

班朱尼河盟誓，看起来只是一次战败后的鼓舞军心的盟誓，可当时在场的众人，并非都是铁木真家族中的人。他们有着不同的血缘，有来自其他部落的人，甚至宗教信仰都不相同，却最终牢牢团结到了一起。这才是班朱尼河盟誓对铁木真部落最深远的影响。

每一位伟大人物在成就事业的过程中，都经历过挫折。铁木真以其刚毅的性格将困境转换成了奋发向上的动力，使他前进，不断地前进！

双耳白玉碗
现藏美国克利夫兰艺术博物馆

历史加油站

蒙古名将哲别

我们经常能在文艺作品里听到哲别这个名字，他的确是一位历史上真实存在的将军。哲别这个名字并不是这位蒙古名将的本名。这个名字是他归降铁木真时，铁木真为他取的，意为"箭簇"。而哲别本身也是一个神射手，赐名恰如其分。哲别刚刚归降铁木真的时候，受到了他人的侮辱。铁木真用自己的头盔盛酒给他，并笑着对他说："这是我杀敌用的，现在用来给我的勇士装酒，不知道你嫌不嫌弃？"哲别十分感动，接过头盔，一饮而尽。铁木真的大业最终能够成功，和他重视人才是密不可分的。

大将木华黎

一天,斡难河东部的一个营帐中,一声婴儿的啼哭响起,伴随着白烟升腾,一个名叫木华黎的婴儿出生了。当时有神巫看到这一幕,不禁感叹:"这是一个不平凡的孩子。"事实也确如神巫所说,"木华黎"这个名字在不久的将来,随着铁木真势力的壮大,传遍了整个蒙古草原。

早年,木华黎的父亲便为铁木真效力,待木华黎长大后,更是将他送给了铁木真做他的"私人财产"。此后,木华黎便成了铁木真的左膀右臂。

一次,铁木真和十几个手下途经一个溪谷。看着这幽深的谷底,铁木真突发奇想,回头问身后的木华黎:"你说这路上要是遇到贼人怎么办?"木华黎想都没想,回答道:"我会用身体来为您挡着。"好像是老天故意开了个玩笑,这一行人没走多久还真就遇到了贼人。贼人数目不少,离着老远就开始射箭。一时间,箭如雨下。木华黎二话没说,拿起弓便开始反击,连射三箭,贼人那边三人应声落马。随即,木华黎卸下马鞍为盾，护卫在铁木真身侧，最终把拦路的贼人击退。

合阑真沙陀之战，铁木真惨败，王汗大获全胜，自以为大局已定，虽然没能杀掉铁木真，但他剩下那些残兵败将不足为虑。于是，王汗疏于戒备，天天在营帐中饮酒作乐。铁木真探听到这件事后，一直在暗中寻找机会。

一天晚上，王汗又开起了宴会，铁木真与木华黎乘其不备，夜袭王汗营帐。大战持续了足足三天三夜，王汗彻底兵败逃亡。

后来，木华黎又跟随着铁木真南征北战，平定蒙古草原。铁木真称

汗后，任命木华黎和博尔术分别为左右万户长，在众人面前称赞他们"犹有车之辕，身之有臂"。

作为成吉思汗平定草原的大将，木华黎也没有就此"享清福"。蒙古和金朝本来就是世仇，曾经依附金朝的塔塔儿部更是直接害死了成吉思汗的父亲。现在草原一统，接下来就要把目标放在金朝身上了。

经过足足五年的准备，大蒙古国已经兵强马壮，随时可以征战金朝。当时的金朝皇帝完颜永济昏庸无能，令成吉思汗嗤之以鼻。时机已经成熟，于是大蒙古国停止了给金朝的岁贡，开始谋划对金朝的进攻。

公元1211年，木华黎随铁木真出征金朝，蒙军迅速攻克了数座城池。金朝的参知政事完颜承裕率领号称四十万的军队退守野狐岭（今河北省张家口市西北）。铁木真抵达野狐岭后，收买了前来议和的金朝使者，了解到金军在野狐岭的布置，随后派遣木华黎领兵出战。

木华黎领命，向铁木真立誓："不攻破金军，我就不活着回来！"面对野狐岭盘踞的金兵，木华黎沉思片刻，将重刑犯释放，命令他们充当前锋，戴罪立功。他亲自指挥，强行突破金军防线，直逼中军大营。中军大营被破后，金军丧失斗志，全线溃败，被蒙军追到了浍河堡（今河北省怀安县境内），伏尸百余里。野狐岭之战后，金军精锐损失殆尽，彻底扭转了蒙金双方的强弱形势。

随后，木华黎又率军连续攻城略地，接连大胜。历史上很多将领都犯过一个错误，就是在接连大胜后骄傲自满，不听建议。但木华黎不是这样的人。在一次征战中，因为金军迟迟不投降，惹怒了木华黎，木华黎当即就要把所有降兵全都杀死。

木华黎的手下劝他说："将军，现在他们都投降了，我们还要杀他们，那以后谁还敢投降我们呢？"木华黎听完，如梦初醒，心中不免有些后悔，险些犯下大错。在后续的征战中，木华黎又听从将士的劝告，严禁军中劫掠百姓，从而广得民心。

因为木华黎的战功和秉性极得成吉思汗的认可，他被成吉思汗封为太师、国王、都行省承制行事，全权指挥攻打金朝。成吉思汗曾对木华黎说："太行山以北，我来攻略；太行山以南，就靠你了。"这基本上是将一半的兵权交给了木华黎统领，可见成吉思汗对他的信任。木华黎改变以前肆意杀掠和夺地不守的惯例，收降大批地方武装首领为其守城夺地，并发挥蒙古军善于突袭和野战的特长，攻取数十城。

只可惜，木华黎五十四岁时就病逝了，临终前，他对自己的弟弟说："我为国家成就大业，南征北战近四十年，并无遗憾，所恨的是没能亲自攻下汴京，你要加油啊！"后来，成吉思汗亲自攻打凤翔，来到这个他心爱将领未能参加的最后一战的地方，不禁感慨万千："要是木华黎还在，我也不用来这里督战了啊！"

木华黎性格沉毅，足智多谋，一生为成吉思汗效力，并立下赫赫战功，成为元初十大功臣之一。

螭龙纹玉带扣
现藏大英博物馆

🌸 历史加油站

"蒙古四杰"之博尔术

蒙古四杰指的是成吉思汗部下的四位杰出将领，分别是博尔忽、木华黎、博尔术和赤老温。其中，博尔术是最早加入蒙古军的人。在大蒙古国建立后，博尔术和木华黎官职相同，都为右万户长，也是被成吉思汗称赞为"犹车之有辕，身之有臂"的人。这句话的意思是，成吉思汗与他的关系就像马车和辕，身体和手臂。公元1217年，博尔术在征讨秃马惕部时，中了埋伏，于军中去世。后被追封淇阳王。

元太宗窝阔台

作为历史上少见的如此强悍的征服者,成吉思汗在世时大蒙古国所拥有的疆域可谓是无比的辽阔:不光是他出生的蒙古草原,还包括了东亚地区的金朝大部分领土,西夏和辽国的领土几乎在他手中,他的足迹最远甚至到了东欧地区的黑海。虽然拥有着这一切,可人的寿命终有尽时,如此庞大的帝国又要交到谁的手中呢?

成吉思汗的皇后孛儿帖为他生下了四个儿子,分别是长子术赤、次子察合台、三子窝阔台和四子拖雷。这四个孩子没有一个是庸才,长子主管狩猎、二儿子掌管法律、三儿子治理朝政、小儿子统领军队。他们从小就跟着成吉思汗南征北战,立下了赫赫战功。

身为父亲,难免会有偏爱,要说喜欢吧,成吉思汗最喜欢的是小儿子拖雷。可是这么一个庞大的帝国,不能完全按照个人的喜好来传承。从管理国家的角度来考量,三儿子窝阔台的治国才能是有目共睹的。到底选谁好呢?成吉思汗犹豫不决,他的妻子和大臣们也有些坐不住了。

公元1219年，成吉思汗大手一挥准备西征。临行之时，皇后眼含泪花对成吉思汗说道："这些年来您到处征战，为大蒙古国打下了万里江山。可是天有不测风云，一旦您的身体垮了，这个国家由谁来治理呢？我们也知道您一定有自己的考量，可也应该让我们大家都知道啊！"成吉思汗听了妻子的话，终于下定决心，在出征前宣布将窝阔台

确立为汗位继承人，之后便带上四个儿子开始了西征。

这次西征极为漫长，足足持续了七年。战争虽然惨烈，但兵强马壮的蒙古军队一路也并未遇到太大的阻碍，直到遇到了玉龙杰赤城。玉龙杰赤城之战验证了成吉思汗选择窝阔台做继承人是非常明智的。

对于饱经战场洗礼的蒙古士兵来说，拿下这一座城并不是什么难事。但问题就出在，出征之前，这座城已经提前被成吉思汗作为封地划分给长子术赤。打下城池没问题，可术赤并不想拥有一个破败的城市。他打算用"软攻"的方式，尽量不对这座城市造成破坏，所以久久难以攻下。

察合台看着城池久攻不下，就与自己的兄长起了争执。两人各执一词谁也不让，几个月下来也没争出个结果。成吉思汗听后很生气，委任窝阔台统一指挥。在窝阔台的不断调解下，两兄弟握手言和，不再计较一城一池的得失，准备火炮和攻城器械，发起了强攻。

双方经过七天的惨烈厮杀，蒙古军队在付出惨重的代价下占领了城市的大部分。守城军民退守到最后几个居民区展开巷战，蒙军最后通过火攻才完全占领了玉龙杰赤城。战后，蒙军进行了屠城，并掘开河流堤坝，引水灌城，将玉龙杰赤城完全淹没。这一战是蒙古西征中最血腥惨烈的战斗。打下玉龙杰赤城之后，花剌子模国很快就被大蒙古国灭国。

长期征战即使是"铁人"也抗不住，随着年龄增大，成吉思汗积劳成疾。公元1227年，成吉思汗离开了人世。临终之际，他仍然心忧自己的孩子和国家，对他们说："如果你们想荣华富贵地过这一生，一定要记住我的告诫，我已经立窝阔台作为我的继承人。不是因为我偏爱他，而是在治国方面，他确实比你们几个人都高出一截，你们要牢牢团结在一起。"

令成吉思汗没想到的是，虽然他指定了继承人，但继承人登上汗位却还是没那么容易。那时的大蒙古国与中原的传统不一样，即便皇帝指定了继承人，还要经过蒙古族的忽里勒台会议通过才行。在会议期间，汗位空缺，照蒙古旧制"幼子守灶"，既然还没有结果，就先由成吉思汗的小儿子拖雷监国。窝阔台虽然有父亲的承认，却还是没能登基，这也为后来手足相残埋下了伏笔。

大会争议了一个多月，各个宗王和大臣吵来吵去，有人说按照旧制就该拖雷继承，有人说应该尊重大汗的遗命。最终，还是实力决定了一切。当时成吉思汗的大儿子术赤已经去世，二儿子察合台全力支持窝阔台，在这样的情况下，支持拖雷的人越来越少，事情已成定局，窝阔台得以继承汗位。

如愿以偿登基为帝的窝阔台没有让众人失望，他重用良才，实施新政，大赦天下。在后来治理中原的过程中，更是"不耻下问"学习儒家经义。这位拥有庞大国家的帝王对待百姓也是慷慨大方，任何一个来乞求他的穷人都会得到救助。有一次，窝阔台由于手边没有什么财物，竟直接让皇后摘下戴着的珍珠耳饰赏赐给穷人。

在窝阔台继任后，拖雷凭借着优秀的军事天赋为大蒙古国不断征战，先灭金国，再攻宋朝。然而，窝阔台的心里也是五味杂陈。面对拖雷的军功，继位之争埋下的隐患时常刺激着窝阔台。终于，为了自己的王位能坐得安稳，窝阔台下了一个狠心的决定——除掉拖雷。在从金国班师北返蒙古草原的途中，窝阔台装病请巫师治疗，拖雷则在一旁侍奉着。随后巫师递给拖雷一杯能涤除窝阔台的"圣水"，拖雷接过巫师给他的"圣水"为兄长祈祷，随后一饮而尽。之后窝阔台病愈，拖雷告辞启行。不过，拖雷怎么也没有想到，这"圣水"是一杯毒药，没几天拖雷便离世了。

后人对这位成吉思汗继任者的评价也复杂得多。窝阔台面对自己亲兄弟时展示出了他残暴冷酷的一面，最后更是沉迷享乐放纵致死。不过，无论如何，窝阔台是蒙元历史上雄才大略的帝王。他维持了大蒙古国整体局面的稳定，更是完成了成吉思汗的遗愿——灭亡金国。

[元]哥窑青瓷高足碗
现藏台北故宫博物院

🝆 历史加油站

"幼子守灶"制度

对蒙古帝国乃至元朝影响最深远的两个蒙古旧制，一个是"忽里勒台"，一个就是"幼子守灶"。幼子守灶也称幼子继承制，是蒙古人自古以来的习俗。父亲在还活着的时候就把自己年长的儿子们分出去，分给他们财产、牲畜和羊群。老大分到的最多，排行越靠后的，分到的就越少。其余归属父母的东西就都留给幼子来继承，幼子被称为斡赤斤，意思是这个家的根本，即守灶者。

 # 放牧还是种地

在成吉思汗和窝阔台统治时期，他们身后始终有一位得力的辅臣，他就是耶律楚材。

耶律楚材出生于金国。据说他的父亲耶律履对算命非常在行，在耶律楚材刚出生时，曾经掐指一算，高兴地说道："我六十多岁才有这么个儿子，我的儿子一定是一匹千里马，以后必成大器！但就是要给其他国家效命喽。"

于是，耶律履便以《左传·襄公二十六年》中的"虽楚有材，晋实用之"的典故，给儿子取名为"楚材"。没想到这个名字竟然预示了耶律楚材将来被蒙古所用的命运。

耶律楚材没有让父亲失望，年纪轻轻就学富五车，可以说是"上知天文下知地理"，就连算命和医术都难不住他。身为宰相儿子，耶律楚材本可以依据金朝制度直接入朝为官，但他选择了通过科举证明自己。在十六岁那年，耶律楚材参加了考试，唯独他一个人拿了个"优等"，因而成功走上仕途。但这时的金朝已是内忧外患，岌岌可危。

金宣宗南迁后，蒙古大军攻入燕京，成吉思汗一眼就在俘虏中"相中"了容貌雄伟的耶律楚材。经过询问，成吉思汗发现这个耶律楚材才华横溢，就把他任命为辅臣带在身边。

回顾整个大蒙古帝国从建立到发展，征战是这个国家的主旋律，而人们也多把眼光放在蒙古的各大猛将上。耶律楚材一个文臣，是怎么脱颖而出的呢？

作为蒙古帝国的建立者，成吉思汗的威望无人能及，在他的指挥下，蒙古军队所向披靡，朝堂之上更是说一不二。每次成吉思汗打了胜仗时，耶律楚材却好像意识不到自己的地位和身份，无视旁人的暗示，非要来"扫兴"，谏言成吉思汗"安民""反贪""不要烧杀掳掠"。

可以说，耶律楚材就像是蒙古帝国的一个"安全阀"，每当帝国的军队要"过线"时，他便站出来向成吉思汗提意见。不夸张地说，要是没有耶律楚材一次次的"冒死谏言"，喜好征战杀戮的蒙古军队不知会给世界带来多大的伤害。

窝阔台继位后，中原地区也归于蒙古帝国的统治中。蒙古族自古以来就是游牧民族，草原永远是他们心中的家。而中原地区地形复杂，有山有水，虽然历经战乱，但农业依然很发达。窝阔台登基后，蒙古族的大臣们就开始"蠢蠢欲动"了，纷纷建议窝阔台"尽去汉人"，把中原改成"牧场"，让他们的马可以跑个尽兴。

耶律楚材一听，心中暗惊，他连忙站了出来，对窝阔台和众大臣说道："咱们还要攻打南宋，中原地区物产丰富，合理利用征税，可以为军队提供不少供给，改成牧场，单纯放牧，得不偿失啊！"

窝阔台听了觉得有道理，就让耶律楚材来统筹收税。虽然耶律楚材说得有理有据，但蒙古大臣对中原地区的税收没有什么概念，要是不把中原变成草原的模样感觉不太踏实，心中还是存了几分犹豫，对这一政策的不满并没有消失。甚至还有些人存着看笑话的心思：到时候你要是收不上来钱，看你怎么办！

于是，耶律楚材奉命主持中原收税，他仿照金朝旧制，任用儒家人士，设立十路课税使，选的都是宽厚之人。一年以后，朝堂上众大臣看着耶律楚材拿回的金银，面面相觑，无言以对。

按照蒙古的旧规矩，在攻城之后，必定会进行屠杀。蒙金战争之时，蒙古攻陷汴京，大将速不台请求屠城。耶律楚材立即上奏劝阻，说服了窝阔台，窝阔台同意只追究完颜家族，放过其他人。光是这件事，就让一百多万汴京人活了下来。

不仅如此，耶律楚材还让窝阔台认识到任用儒家大臣的重要性。耶律楚材对窝阔台说："任用儒家人士当臣子这件事，不是说用就能用的。想要长期有人才可用，就得保护并倡导儒家文化。"

窝阔台同意了耶律楚材的建议,开始了儒士的选拔,史称"戊戌选试"。耶律楚材这一建议,避免了中原地区文化的倒退,让汉文化在蒙古帝国得以留存和发展。

耶律楚材为蒙古帝国效力三十年,完善了礼制法制,又将儒家文化引入蒙古帝国,倡导"以儒治国",保护和发掘了诸多人才,为后世忽必烈统治的王朝

培养了不少名臣。

除此以外，他个人还有诸多建树：和成吉思汗西征时，写下了《西游录》，记录了在西域的所见所闻；创作过不少诗歌佳作，收录在《湛然居士文集》中；在术数方面也有很大的成就，撰写了《玉钥匙》《插泥剑》。

窝阔台曾经对耶律楚材有着这样的评价："没有你，中原就没有今天的景象。我可以高枕无忧，都是你的功劳啊！"

历史加油站

《大札撒》

札撒意为法令。成吉思汗在位期间，将蒙古传统的一些规定、习惯总结为《大札撒》。每次皇帝即位或者大规模出征时都要诵读《大札撒》。虽然逐渐有了新法令替代《大札撒》，但它对于蒙古帝国的意义是不言而喻的。甚至到了元朝时，诵读《大札撒》还被作为一种仪式流传了下来。现如今《大札撒》的原文已失传，但是在其他典籍里仍能找到相关的内容记载。

7 蒙古版"武则天"

成吉思汗之后,蒙古帝国在窝阔台的领导下依旧鼎盛。可也许是物极必反,强大的蒙古帝国即将迎来第一次衰败的浪潮。

在执政后期,窝阔台沉迷酒色,突然病死,没来得及指定继承人。这时候就有人动起了歪心思,这个人就是乃马真皇后——窝阔台长子贵由和三儿子阔出的生母。

窝阔台生前也并不是没有考虑过继承人的问题,他更中意自己的三儿子阔出,可惜阔出在征战南宋时英年早逝。可即便如此,窝阔台还是没有把目光转向自己的长子,而是想要立阔出的长子失烈门为继承人。

按理说不管是贵由继位还是阔出继位,乃马真应该都很开心,毕竟都是她的亲生儿子。可乃马真一直就不太待见自己的小儿子阔出,而是对贵由极为偏爱。当听到自己的丈夫没有打算把皇位给贵由的时候,她心里就不高兴,不过也没敢反驳。窝阔台突然病逝,这对贵由来说可是个大好的机会。

乃马真召集群臣，以窝阔台未立遗诏为由，想立贵由为帝。她心里清楚得很，要想让自己的大儿子顺利登基可没那么简单，不妨先试探一下。乃马真问重臣耶律楚材："先帝在的时候，原本打算让他的孙子失烈门继承皇位，但是失烈门现在还小，而先帝的长子出征也没回来，这怎么办才好呀？"

耶律楚材回答说："既然先帝有意向，我们就应该按照先帝的指示去做。"

乃马真一听，当时就不高兴了，沉默不语。乃马真的心腹见到主子不悦，连忙站了出来，说："按照蒙古草原的习俗，男性家长去世后，他的遗孀可以继承家业，代为管理整个家族的事务。"

这话一说出来，乃马真脸上瞬间"多云转晴"。耶律楚材可是心中一惊：这还了得，乃马真这是要当蒙古的"武则天"啊！来不及多想，他连忙站出来劝诫乃马真万万不可。乃马真瞥了耶律楚材一眼，笑着说道："暂时的，也没什么关系。等贵由征战回来，再来商议。"

耶律楚材还想继续劝说，可没什么办法，后来只能以生病为由不上朝，表示抗议。

乃马真摄政符合蒙古的习俗，各位宗王和将军也没什么意见，那接下来行事就方便多了。乃马真深知像耶律楚材这样对窝阔台十分忠心的人必不可能让贵由登基。那第一步就是把他们都换掉，到时候贵由的支持率一定会变高。至于自己的那些亲信的治国能力，乃马真可不在乎。另外一些不好对付的宗室贵族和重臣，就奉行"有钱能使鬼推磨"这一信条。金银财宝、地盘人马，要什么乃马真就给什么，条件只有一个：贵由回来后，支持他继位。

整整五年时间，原本强盛的蒙古帝国被乃马真搅得一团糟。被两代帝王极其看重的能臣耶律楚材被排挤得不成样子，最后

悲愤而死。乃马真任人唯亲，不顺从自己的人，都会被贬黜，朝政变成一团乱麻。

终于，推举大汗的忽里勒台大会召开了，贵由继位已经是"板上钉钉"，没有丝毫悬念。各位宗亲、大臣都已经被乃马真搞定，大伙一致推举贵由为大汗。

贵由满怀喜悦地登基为帝，是为元定宗，可他却没想到，自己刚登基就被母亲"架空"了。原本一心只是为了贵由登基的乃马真，经过这五年的执政，尝到了权力的甜头，天天对自己的儿子指手画脚。朝堂上下又都是她收买的人，贵由这个大汗变成了一个"傀儡"。

直到数月之后，乃马真去世，贵由才拿回了自己的权力，但蒙古帝国"离心离德"的局面已经愈发严重。这个曾经不可一世的帝国，终究还是在乃马真的"搅和"下，开始走向瓦解之路。

元定宗写给罗马教皇英诺森四世的回信

[元]青花缠枝牡丹双狮头罐
现藏美国克利夫兰艺术博物馆

🜂 历史加油站

教皇信使的蒙古之行

　　大蒙古帝国的军队多次西征，给欧洲人带去了巨大灾难。当时，欧洲最有权势的罗马教皇英诺森四世在法国里昂召开宗教大会，认真讨论如何防止蒙古军队入侵事宜。最后，大会决定派遣使者携带着教皇写给蒙古大汗的信件前往蒙古。信中大意是劝谏蒙古大汗停止对欧洲的入侵和杀戮。

　　使者抵达大蒙古国的都城和林朝见大汗。在那里，使者参加了贵由的即位仪式。西方使者参加皇帝登基大典，这在中西关系中，尚属首例。贵由登基后，召见了使者，并写了一封信让使者带回。

8 蒙哥继位之争

尽管贵由被自己的母亲乃马真处心积虑扶上了大汗之位，但明显心有余而力不足。当了两年多蒙古大汗，贵由就撒手西去了。贵由的老婆海迷失和她的婆婆乃马真一样也不是省油的灯。

"乃马真都能做的事，同样身为皇后的我又有什么做不了的呢？"她暗暗想，"窝阔台曾经想把皇位传给孙子失烈门，那我干脆就扶持失烈门上位，再垂帘听政。既能获得蒙古诸王的支持，又能让我落下个大公无私的美名，毕竟我可没有扶持自己的孩子……"

贵由逝世，海迷失封锁消息，秘不发丧，而且向婆婆乃马真学习，临朝称制，掌握了国家大权。她的两个儿子忽察和脑忽再也坐不住了。父亲离世后，还没等两兄弟争起来呢，母亲反而先下手为强了。于是，两人各自另建府邸和海迷失对抗，表示他们才是正统，言下之意——大汗应该让他们来当。

一方是先帝贵由的妻子，另外两方是先帝贵由的儿子。蒙古帝国的朝堂分裂成了三派，一国三主，整个帝国混乱不堪。而另一边，推举大汗的忽里勒台大会又要召开了。

这次的忽里勒台大会可不一样，由于继承人始终没个定数，很多宗王早就看不惯了，尤其是窝阔台一系和察合台一系的宗王干脆直接拒绝参加。而这次大会却有一个特殊的人物到场，他就是拔都。拔都是成吉思汗的孙子，术赤的儿子。

拔都早年就和贵由不对付，乃马真想要立贵由为帝时，他就极度反对，当年召开忽里勒台大会时直接装病不来。这次他到场的目的，就是阻止汗位继续留在窝阔台一脉的手里。

忽里勒台大会上，拔都二话不说，上来就指责窝阔台的后人没资格赖在皇位上不走，他推举能力出众的蒙哥成为新的皇帝。蒙哥是谁呢？蒙哥是成吉思汗最宠爱的小儿子拖雷的长子。当年窝阔台继承王位的时候，拖雷曾经是非常有力的竞争对手。蒙哥本人也是战功赫赫、威名远扬。

拔都的提议被大会通过了。就这样，蒙哥正式成为蒙古帝国的新皇帝，史称元宪宗。许多人都盼着能力出众的蒙哥能让这个四分五裂的帝国"起死回生"。

蒙哥即位后，海迷失垂帘听政的大梦破灭了，她和忽察、脑忽兄弟俩不甘心放弃权力，曾经互相对立的母子三人选择联手反抗蒙哥的统治。海迷失甚至想到了一个可笑的办法——用巫术暗害蒙哥。

可惜，事情并没有得逞，窝阔台一脉不过是"纸老虎"，直接被蒙哥率兵镇压，叛乱很快就被平定了。海迷失所谓的"巫术"更是一个笑话，再加上策动宗亲造反，她最终被投入河中溺死。自此，帝国内部的纷争暂时告一段落。

没了内部矛盾，雄才大略的蒙哥便开始了自己的一系列举措。蒙哥先是迫使高丽国王投降，使高丽成为大蒙古国的藩属国；再是派遣自己的四弟忽必烈攻下大理国；然后令自己的六弟旭烈兀率十万大军西征，继续扩大地盘；最后，蒙哥和忽必烈、大将兀良合台兵分三路，气势汹汹地冲向南宋。1258年农历七月，蒙哥亲自率领主力军队进攻四川，所到之处无人能挡，本来开始呈现衰落之相的蒙古帝国，在蒙哥的治理下再次焕发生机。

在拿下了四川北部大部分地区后，蒙哥终于遇到了他进攻南宋的第一次阻力。南宋大军在合州（今重庆市合川区）钓鱼城奋力反抗，蒙古大军久攻不下。胜利就在眼前，可却被一块小小的石头挡住了去路，蒙哥心有不甘，忧思成疾。屋漏偏逢连夜雨，僵持了半年后，蒙哥突然暴毙（也有说是重伤而亡），连遗言都没有留下。

蒙古国内部立刻陷入新一轮的权力斗争。四弟忽必烈正在攻打南宋的途中，听到哥哥去世的消息，在将士的簇拥下宣布即位。而蒙哥的七弟阿里不哥也不甘示弱，由于他得到了蒙古本土贵族的支持，也在大蒙古国自行即位。正在西征的六弟旭烈兀一听到老家的哥哥和弟弟为了皇位打起来了，他不打算蹚这趟浑水，干脆直接留在了西亚，自己统治一方，还顺便传回了意见：支持忽必烈继承大汗之位。

蒙古帝国正式分裂，兄弟内战就这样爆发了。

人骑图（局部）赵孟頫绘
现藏故宫博物院

🔮 历史加油站

伊尔汗国

　　成吉思汗时期，蒙古帝国开始了西征。蒙哥去世后，忽必烈和阿里不哥间的兄弟内战爆发，大蒙古帝国分裂为四大汗国。正在征战的旭烈兀选择留在西亚自立为王，不再返回蒙古，并宣布支持忽必烈。忽必烈称帝后，也投桃报李，正式承认了旭烈兀的领地——东起阿姆河和印度河，西面包括小亚细亚大部分地区，南抵波斯湾，北至高加索山。这便是成吉思汗第四子拖雷之子旭烈兀在西亚所建立的政权——"伊尔汗国"。

9 元世祖忽必烈

蒙哥的突然逝世，让整个蒙古帝国措手不及。这时的忽必烈还在攻打南宋的路上，直到使者来到忽必烈的营地，请他回蒙古继承帝位，他才知道蒙哥已经离世了。

另一边，得到消息的阿里不哥也坐不住了。他是拖雷的小儿子，作为蒙哥和忽必烈的弟弟，这皇位他也有资格继承。于是，阿里不哥同蒙古本土贵族合谋，趁着忽必烈还没回来，赶紧召开忽里勒台大会。

忽必烈得知蒙哥的死讯后，原本是不情愿回去的，他说："我奉命来攻打南宋，岂可无功折返？"而后，又有使者来报，阿里不哥开始调兵遣将，似乎想要争夺宝座。

眼看着中原地区唾手可得，却因为皇位之争就放弃，忽必烈心中大喊可惜。就这么退兵不是让南宋休养生息吗？这可不行。忽必烈眼珠一转，心中有了主意。他命手下大肆宣扬要进攻南宋首都，还让自己的大将继续派兵，给南宋朝廷施加压力。被吓破胆的南宋朝廷派遣使者割地求和，忽必烈马上同意，然后当天就退兵回蒙古了。南宋的人傻了眼，这是被忽必烈摆了一道啊！

公元1260年，忽必烈在部分宗王和大臣的拥立下，宣布即汗位。而一心想争汗位的阿里不哥也不甘示弱，在同一年，被蒙古本土的贵族推举为大蒙古国大汗。这场手足兄弟间的厮杀正式拉开了帷幕。

忽必烈和阿里不哥为争夺汗位展开交战，双方战争时断时续。公元1264年，忽必烈迫使阿里不哥投降，完全控制了蒙古帝国的东部和原本属于大汗直辖领地的大部分地区。

公元1271年，忽必烈又将大蒙古国的国号改为"大元"，取《易经》中"大哉乾元"之意。自此，元朝正式登上了历史舞台，忽必烈成为元朝首任皇帝。次年，忽必烈又宣布在燕京建都，称"大都"。

纵观元朝历史，忽必烈绝对称得上是首屈一指、雄才大略的君主。与其他的蒙古帝王不同，忽必烈是极为少见的重视"汉文化"的帝王。不仅连国号都是出自汉经典著作，甚至还根据汉文化的传统进行了史书的编撰。辽史、金史都是在元朝时期被编撰完成的。

和历史上许多伟大的帝王一样，忽必烈也有一个梦想，就是"四海之内皆臣服"。虽然忽必烈出其不意地摆了南宋一道，但百足之虫死而不僵，要想把南宋真正拿下来可并不是那么容易的事。在南宋降将的建议下，忽必烈大手一挥，先破襄阳、再取临安，元朝大军蓄势待发。

元军兵临襄阳城下。襄阳城的守将吕文焕多次尝试主动出击寻找出路，但都以失败告终，只能期盼着南宋朝廷的增援早日到达。可他不知道的是，此时的南宋朝廷早就被忽必烈吓破了胆。在忽必烈和阿里不哥的内战爆发前，宰相贾似道割地求和的意图就很明显了，而襄阳被元军围困的消息也早就被他一手压下，南宋的皇帝甚至还不知道这件事。

没有增援的吕文焕在襄阳苦苦支撑，奈何元军不光兵强马壮,还有从南宋投降过去的"内鬼"不断给元军出主意。元军造了五千艘战船,训练了足足七万的水军,更是直接把南宋想要走水路支援襄阳的念头给断得干干净净。

这边吕文焕拼了命地死守,那边南宋朝廷终于后知后觉地发现元军早已经把襄阳围了个水泄不通。就在吕文焕双眼放光以为增援有望时,却听到了另外一则消息:朝廷要把襄阳的守将换了。

内外交困,被围困六年后,面对势不可挡的元军,吕文焕抬头望天,不禁悲叹道:"襄阳终究是守不住了,这无非是早晚的问题。既然襄阳城必破,又何必再增加百姓们无谓的伤亡呢?"

最终,对南宋朝廷失望的吕文焕,为保住全襄阳城的百姓而投降了元军。忽必烈攻下了南宋最后的军事要地——襄阳城,很快又攻入了临安,向统一全国迈进了一大步。公元1279年,伴随南宋小皇帝的逝世,南宋彻底灭亡,整个中原归于一统。元朝也在忽必烈的统治下,真正统一了全国。

元世祖出猎图 刘贯道绘
现藏台北故宫博物院

🝆 历史加油站

元朝的纸钞

　　除了政治军事方面，忽必烈在经济方面的成就也是独树一帜的。众所周知，在古代大多使用金属钱币、碎银等进行商品交易，忽必烈却在元朝就发行了纸钞。元帝国不是世界上第一个发行纸币的国家，却是人类历史上第一个将纸币作为全国性法定流通货币的国家。在此之前，宋有交子、会子，金有交钞，但那都是特殊时期，局部地区所使用的一种"兑换券"。但元朝的钞票却在全国各地畅行无阻，甚至远播海外，影响到东南亚诸国。

10 皇帝的巡回办公

在元大都的街上，正展开着一幅别开生面的画卷：四头装饰华丽的大象缓缓走在路上，它们所拉着的辇车里，坐着的正是这个国家最尊贵的人——元世祖忽必烈。紧跟着辇车的，是浩浩荡荡的长队，由大臣、将领和护卫队组成。要是有不了解情况的外地人好奇询问，大都的居民会告诉你："咱们的皇帝这是要到另一个都城去办公啦！"

纵观我国的历史，由于各种因素，首都的选址不同。虽然在国家衰弱之时，迁都的事情也时有发生。但毫无疑问的是，即使迁都，被承认的首都也只有一个。但忽必烈却开创了一个中国皇帝统治的新模式——两都巡幸制度，也就是一个国家两个首都，皇帝和臣子每年都要轮流在这两个首都进行办公。

元朝的两个首都，一个位于现在的内蒙古自治区锡林郭勒盟正蓝旗内，名为上都；另一个在今天的北京，名为大都。在每年冬季结束，春天尚未到来之时，忽必烈就要带着一大群人从大都迁往上都，并在上都度过整个夏天。同样的，等到夏天过去后，忽必烈又会从上都迁回大都，在大都处理政事。

从大都到上都的距离可不算近，每年都要带着一大群人像候鸟般迁徙，看起来就很劳民伤财，雄才大略的忽必烈为什么要这么做呢？这还要从蒙哥时期说起。

蒙哥即位后，忽必烈受命统领汉地事务，要说对汉文化的接受度，当时的忽必烈在整个皇族中可是独一无二的。随着忽必烈对汉文化越发了解，他就越发对南宋统治的区域垂涎不已。

不久，蒙哥突然离世，内战开始，忽必烈更是以中原为根基和自己的兄弟阿里不哥争霸。这场兄弟之争，最终由忽必烈胜出。掌握了中原丰富资源的忽必烈当然不可能回到蒙古来统领整个帝国。要是真这样做了，那就必须把中原地区交付到别人的手中，但交给谁忽必烈都不放心。所以，大都燕京作为首都，势在必行。

既然已经有了一个首都，为什么还要立第二个呢？要知道，当时支持阿里不哥与忽必烈争霸的人基本上都是蒙古本土的贵族。虽然胜者是忽必烈，但想都不用想，如果脱离管控，那群贵族肯定会继续闹事。

"你出身蒙古，为什么要把首都放在中原？"

"你这是忘本！"

这些话都无须从贵族口中说出来，忽必烈早已考虑到了。就算凭借强大的威望镇压一时，这群人早晚还是要造反。要想彻底堵上他们的嘴，首都必须安排在蒙古地区。

在两难的选择下，忽必烈想到了一个方法：要不我干脆就建两个都城，一个在蒙古，一个在中原，每年分别到两个都城办公，这样不就解决问题了？于是，两都巡幸制度应运而生。

在很多人的眼里，上都只是一个摆设，更是传出了上都是"夏宫"——皇帝避暑的宫殿这样的说法。实际上并非如此，在整个元朝的历史中，上都的意义都是很重大的。历来皇帝登基，最讲究的就是一个正统，位于蒙古的上都在元朝就代表了正统。甚至后来元朝的很多皇帝即位时，都要特地跑到上都去举行仪式，来表示自己登基的合法性。上都的存在，不仅安抚了蒙古贵族们躁动的心，也让中原和蒙古有了一个交接点，对于元朝体制的安定起到了很大作用。

每年巡幸出发的日子，皇帝、后宫、大臣将领和护卫队组成的队伍让百姓极为震撼。庞大的队伍，华丽的装扮，逐渐让巡幸变成了一场盛大的仪式和节日。无论是在大都还是在上都，皇帝出发的时候，都会举办迎佛仪式和游行活动。各类表演层出不穷，每个人都穿得光鲜亮丽，街上到处都闪烁着珠宝的亮光，即使是皇帝和后妃也对这样的场面颇感兴趣。而这一类似节日的活动，也被称为"游皇城"。

然而，事情皆有两面性。两都巡幸在盛世带来的繁华虽然让人拍手称道，可一旦国家统治出了问题，皇帝和臣子就这样明目张胆又大规模的出行，无疑也是有安全隐患的。这不，元朝的第五任皇帝元英宗在从上都返回大都的途中，就遭遇了臣子反叛被杀死，史称"南坡政变"。

但无论如何，两都巡幸制度都不愧是元世祖忽必烈下的一手妙棋，在当时既稳固了对蒙古和中原地区的统治，也推动了经济的发展，让人为之称道。

元两都巡幸路线示意图

元代宫廷缂丝作品
现藏美国大都会艺术博物馆

🌸 **历史加油站**

哪吒城

大臣刘秉忠奉忽必烈之命在燕京修建都城，也就是元大都。元大都非常宏伟，位于燕京城东北部。按照传统，天子国都的城门应该有十二个，也就是东南西北方向各三个门，但刘秉忠占卜发现，正北的城门在卦象上看很不吉利，于是刘秉忠决定少修一个。人们看了很奇怪，说四个方向的城门不对称啊。

刘秉忠解释：南面三个门是三头，东西两边六个门是六臂，北边两个门是两足，和"三头六臂"的说法正好相符。人们一听，纷纷说"三头六臂"就是哪吒啊，驱邪又安全，便把新都叫作"哪吒城"。

11 "紫金山五杰"之刘秉忠

他是一个僧人,也是一个道士。他既是忽必烈的臣子,也是忽必烈的密友。他还是著名的设计师,一手打造了元上都和元大都的城建规划。他就是"紫金山五杰"之一的刘秉忠。

刘秉忠原名刘侃,因为家里世代信奉佛教,法名为"子聪",等到正式当官后才又更名为刘秉忠。出生于官宦世家的刘秉忠从小就十分聪明,八岁就读了不下数百篇文章。在十七岁那年,为了能够近距离照顾父母,他到邢台当了个小官。

身怀大才却只能当个小官,刘秉忠并不甘心。有一天,他终于还是无法忍受这样的日子,喃喃自语道:"我家里世代当官,到了我这儿,每天只能做一些抄写的工作。要是这样,还不如找个地方隐居起来,等到时机合适,再凭借自己的才华出来一展抱负。"就这样,他选择弃官而去,到武安山隐居。

武安山可是一个好地方。当时道教十分兴盛,刘秉忠家里虽然世代信奉佛教,但他并没有什么门户之见,就在武安山隐居,和全真教道士一起修学,过上了悠闲却充实的生活。虽然刘秉忠隐居在武安山，但他依旧每日读书吟诗，潜心学习。如果是一块金子，那么光芒不会永远被沙土掩埋。不久，附近天宁寺的虚照禅师闻名而来，想收刘秉忠为徒。刘秉忠没有多想，便告别了道士生活，转身投入寺庙当中。

忽必烈即位之前，海云禅师奉命北上前往效力，路过天宁寺时听闻刘秉忠博学多才，邀他同行。刘秉忠一直苦苦等待的时机就这样猝不及防地来临了。

见到忽必烈后，刘秉忠为他讲解了佛学经义，令忽必烈大感震惊。他两眼放光："这是个人才啊！要把他留下来。"

刘秉忠就这样留在了忽必烈的身边任

职。让忽必烈没想到的是，刘秉忠不仅对佛法研究很深，天文、地理、律历、占卜无不精通，天下大事了如指掌。这下子可真是捡到宝了！

忽必烈将刘秉忠视作自己的亲信，出游时可能看不到皇后的陪伴，但是一定能看到刘秉忠。虽然深得圣宠，刘秉忠却仍然保持着"山野散人"的习性，吃着粗茶淡饭，穿着朴素布衣。除了各类治国大计，他对忽必烈说过最多的一句话就是："臣是个山野闲人，您给我那些金银财宝，臣用不到。"

甚至连同朝为官的大臣都有些看不下去了，对忽必烈谏言："刘秉忠为您立下那么多功劳，整个朝堂上没有人能和他相比。可您看他现在还穿着旧衣，这让我们心里难安啊！要不您直接下令，给他封爵，让他穿些好的衣服吧。"

刘秉忠也没有愧对忽必烈的信任。在忽必烈即位前，他随着忽必烈南征北战，帮助忽必烈攻城略地。刘秉忠随忽必烈征伐大理和南宋时，力劝忽必烈勿滥杀无辜，之后元军每攻克一城都没有随意屠城，百姓得以保全性命者不计其数。

忽必烈即位后，刘秉忠建议忽必烈以《易经》为据，取"元"为国号，又一手规划修建了两座都城。刘秉忠还在元朝大行推广汉法，帮助忽必烈推行纸币，完善各类礼乐制度，使得元朝盛极一时。

上天似乎也不愿让这位才子多受苦难，在为忽必烈效力三十多年后，刘秉忠没有受到病痛的折磨，安然逝世。忽必烈悲痛不已。纵观整个元朝，虽然汉文化十分盛行，但能够位封三公殊荣的，也只有刘秉忠一人。

富春山居图（无用师卷局部）黄公望绘
现藏台北故宫博物院

历史加油站

紫金山五杰

"紫金山五杰"是指元朝时期在邢台市紫金山学习过的五位能人，分别是刘秉忠、郭守敬、张文谦、王恂和张易。他们的贡献突出表现在政治与科技两个方面。不过这五个人可不都是同学关系，郭守敬来到紫金山书院后，曾拜刘秉忠和张文谦为师。后来，张文谦、郭守敬和王恂还一同制定了历法《授时历》。

12 马可·波罗中国之旅

世界那么大，我想去看看。这句话就是对马可·波罗最好的描述。

说起马可·波罗和中国的缘分，还要提到他的父辈。在忽必烈统治时期，元朝的大都迎来了两个特殊的客人，他们与众不同的面容和肤色更是给他们的来历蒙上了一层神秘的面纱。这两个人就是马可·波罗的父亲和叔叔——尼科洛和马费奥。

据他们所说，他们来自欧洲意大利一座美丽的"水上都市"——威尼斯。这可引发了众人的好奇，甚至连忽必烈都很感兴趣，召两人进宫谈话。马可·波罗的父亲和叔叔都是杰出的商人、旅行家，拥有常人难以想象的旅行经历。虽然忽必烈也长期到处征战，可要谈起旅行的见闻，还真不如这两人精彩。而且这两位意大利人所讲述的故事还带有浓厚的异域色彩，更是让忽必烈欲罢不能。

可惜再好的故事也总有完结的时候，尼科洛和马费奥最终还是要回到他们的家乡。忽必烈即使心中不舍，却也不好过多挽留，只是期盼着能再见到两人，能再听到他们精彩纷呈的故事。

另一边，回到家中的两兄弟也对这次的中国之旅倍感兴奋。他们从未想到，在遥远的东方还有着这样一个伟大的国度。他们迫不及待地想将这些事情讲给身边的人听，而对这奇特经历最感兴趣的不是旁人，正是尼科洛的儿子——马可·波罗。

听完父亲和叔叔的描述，马可·波罗恨不得立刻插上翅膀飞到中国去。终于，在他十七岁那年，机会来了。他的父亲和叔叔又一次要前往中国，而这次，他也将跟随两人一同去探寻那个从小就向往的国度。

年幼的马可·波罗并没有意识到，前往中国的旅行除了父亲和叔叔描述的丰富多彩以外，还充满无数不可预知的凶险。马可·波罗的父亲和叔叔第一次从元朝回家时，曾带回了忽必烈给罗马教皇的信，希望罗马教皇能够派过来一百位精通修辞、逻辑、语法、数学、天文、地理和音乐的传教士进行交流。他们出发之前，首先要把这件事完成。

当时的元朝在世界上可以说是"恶名远扬"，蒙古族喜好征战掠夺的习性让罗马教皇对派遣一百位传教士去元朝这件事十分犹豫。最后，罗马教皇只回了一封信并派出了两位传教士和马可·波罗一行人去往元朝，打算先探探路。

意外发生了，他们出发没多久，就遇到了一场战争。战争的残酷场面让两名传教士十分惊慌害怕，根本没有心思前往元朝了。无奈，马可·波罗一行人只能让两名传教士回去，自己带上信继续出发。

整整四年的时间，他们跋山涉水，穿过了荒凉的沙漠，也跨过险峻的高原，路上遇到的艰难险阻不计其数。在经历了重重磨难后，马可·波罗终于到了他日思夜想的元上都。

忽必烈对马可·波罗这个年轻人也是十分喜欢，不仅热情款待他，甚至还给了他一份官职——斡脱。斡脱是元朝的一种官方商人，而商人世家出身的马可·波罗正好适合这份工作。斡脱并不需要长期在一个地方任职居住，因此马可·波罗可以在中国四处旅行，顺便记录下各地的风土人情呈给忽必烈。

就这样，马可·波罗的中国生活开始了。

聪明的马可·波罗很快学会了蒙古语，虽然对于汉语还是一知半解，但并没影响他的旅行。毕竟，在元朝，统治阶级大多数还是蒙古人。作为一个商人，马可·波罗本能地被元朝的繁华吸引住了，琳琅满目的商品、目不暇接的珠宝、华丽舒适的丝绸制品，这些都和他家乡的不同。马可·波罗暗忖，如果能把这些东西带回去，不仅能让家乡人大吃一惊，更是一个无与伦比的商机啊！

除了商业以外，更让马可·波罗感到震撼的是元朝的建筑，尤其是两座都城：上都和大都。整整齐齐的街道和房子，与西方完全不同的建筑风格，宏伟又大气。这绝对是世界建筑史上的奇观。只可惜，他没法将这里的景色带回去，只能通过描述来让家乡人知晓这份无与伦比的壮丽。

马可·波罗花了十七年时间走遍了中国的大江南北，见识了各地的风土人情。最后，借着蒙古公主到伊尔汗国成婚的机会，他也终于踏上了归乡的旅途。

回到亲人身边的马可·波罗兴致勃勃地为众人讲述起自己在元朝的所见所闻，而他从元朝带回去的各类奇珍异宝，更是让他一夜暴富，成为威尼斯的有钱人。

天蓝釉紫斑盂
现藏台北故宫博物院

🝆 历史加油站

《马可·波罗游记》

　　回到威尼斯以后，马可·波罗在一次海战中被俘虏，并关入了监狱。在狱中，马可·波罗向他的狱友讲述了神秘的东方之旅。他的狱友非常感兴趣，把马可·波罗的旅行记录下来，写成一本书，这就是《马可·波罗游记》。

　　《马可·波罗游记》被誉为"世界一大奇书"，是人类史上第一次以西方人的视角感受东方生活的著作。这部游记一共四卷，记录了马可·波罗从威尼斯去往元朝路上的经历和他在中国十七年生活中的所见所闻。这部书的出现更是让西方人对神秘的东方又多了一丝向往。

13 守成之君

在历朝历代中，有推翻前朝皇帝昏庸统治从而登基的皇帝，有按照父辈遗诏顺顺利利正常登基的皇帝，也有经过各种皇家内部斗争艰难登基的皇帝，但是你见过因为在"朗读比赛"中胜出而登基的皇帝吗？元朝的第二位皇帝元成宗铁穆耳就是这样继位的。

元成宗铁穆耳是元世祖忽必烈的孙子。他的父亲真金是忽必烈时期的皇太子。按理说这元朝的第二位皇帝本该由铁穆耳的父亲真金来当，为什么跨了一代来继承呢？这还要从刘秉忠等汉人重臣的去世说起。

在刘秉忠等汉人重臣相继去世后，忽必烈对于汉法的兴趣也逐渐减少，转过头来任用了很多蒙古族大臣。为了能和逐渐占据优势的蒙古贵族相抗衡，汉臣们把希望寄托到了当时的皇太子真金身上，朝堂之上两方的政治斗争愈演愈烈。

到了后来，甚至有大臣想要上奏忽必烈请他退位，把皇位禅让皇太子真金。这简直就是明目张胆地篡位了，真金差点儿被杀。后来，此事得以妥善解决，忽必烈识破真金是遭人构陷。但是，没想到真金忧郁成疾，当年便病重而亡了。

皇太子没了，帝位的继承权就到了忽必烈的孙子手里。按照汉法，真金的长子甘麻剌自然是最好的继承人，可真金的二儿子答剌麻八剌更受忽必烈宠爱，真金的三儿子铁穆耳是他们母亲最喜欢的孩子。三个人各有优势，忽必烈也没急着立皇太孙，皇位之争一下子变得扑朔迷离起来。

没想到，真金的二儿子也突然病逝了。皇位的争夺者一下子只剩下老大和老三兄弟两人。公元1293年，忽必烈将真金的皇太子印赐给了铁穆耳，这无疑意味着要将皇位传给他。当时，甘麻剌镇守岭北，看似与世无争，可所有人都知道，他不可能对皇位的诱惑无动于衷。

忽必烈去世后，在推举新皇帝的忽里勒台大会进行前，御史大夫找到了赶来参会的甘麻剌："先帝已经去世三个多月了，而且把皇太子印玺传给了铁穆耳，您是先帝的长孙，希望您能支持先帝的决定。"甘麻剌勉强同意了，但心里还是不服气。论功绩，他并不输给铁穆耳，按照汉法的嫡长子继承制，也该由他来继承皇位。

他们的母亲真金妃对自家孩子的心思再清楚不过。为了让小儿子铁穆耳顺利登基，她提议了一场比赛：两个人当众诵读祖宗宝训，谁读得好谁来当皇帝。

这看似荒唐的提议背后可大有说法，原因就在于甘麻刺有一些口吃，实际上兄弟二人的母亲在"拉偏架"。最终，铁穆耳毫无争议地胜出，继承了忽必烈的皇位，史称元成宗。

铁穆耳即位后，第一件事就是处理贪腐事件。虽然没有大批更换臣子，却将贪污罪的处罚加重，还下令手下对各级官员进行严查，绝不手软。

在忽必烈晚年的时候，汉臣愈发不受重视。铁穆耳的即位改变了这一现象，他与父亲真金一样，对儒家文化十分尊重，

并发出了崇奉孔子的诏书。

后来在哈剌哈孙的推动下,还在大都兴建了文宣王庙,并将国子学迁于其中,同时增加了国子学的学生。

无论是铁木真、窝阔台还是忽必烈,他们有一个共同的特点,就是喜好对外征战和掠夺。到了铁穆耳统治时代,征战之心似乎渐渐冷却。铁穆耳刚一即位,就下诏书停止了对越南的征战。

另外,在忽必烈时期,元朝曾经派兵攻打日本,但最终未能成功。铁穆耳上位后,旧事被重提,大臣们希望他能派兵挽回丢失的颜面。但铁穆耳心想,自己的爷爷忽必烈两次攻打日本都遭遇了台风,没能成功,要是自己派兵攻打,肯定也是白费力气。再说,就算侥幸成功了,日本距离元朝那么远,还隔着一片海,也不好统治。于是,铁穆耳当场就拒绝了大臣的提议。

即使一个国家再强大,也无法一直处于征战的状态。铁穆耳的守成政治,虽然没有为元朝带来更大的疆域,却也让这个自大蒙古国时期就征战不断的国度得到了休养生息的机会,对元朝的后续发展起到稳定的作用。

木胎加彩观音菩萨像
现藏美国大都会艺术博物馆

🛢 历史加油站

名相伯颜

伯颜是忽必烈时期的中书左丞相，擅长谋略，深受忽必烈赏识。在攻打南宋的时候，伯颜立下了汗马功劳。忽必烈去世后，铁穆耳即位前，整个元朝的朝政更是由伯颜统领的。即使手握大权，伯颜对于元朝的忠心没有变过，始终遵照忽必烈的遗命，拥戴铁穆耳登基。不仅如此，出身蒙古的伯颜对汉语十分精通，也是蒙古族中最早运用汉文作诗的诗人。

14 兄弟之约

元成宗铁穆耳在位十三年后病逝。这位守成之君在自己统治的时代，没有犯过什么大错，却在死后留了一个巨大的难题——他没有子嗣。

元成宗统治后期，由于长期重病，朝政基本上都由皇后卜鲁罕处理的。元成宗驾崩后，皇位无人继承，卜鲁罕和大臣们商议打算立忽必烈年纪最大的孙子阿难答为帝。右丞相哈剌哈孙则有不同的意见，忽必烈最喜爱的孙子答剌麻八剌有两个极为出色的儿子海山和爱育黎拔力八达。作为皇室正统，他们自然也有继承权，哈剌哈孙想要拥立这两兄弟。

于是，元朝的皇室斗争再一次开启。哈剌哈孙给兄弟俩写信，让他们以奔丧为名返回大都，夺取皇位。

眼看位高权重的右丞相和自己的意见相左，皇后卜鲁罕动起了脑筋。她知道现在右丞相通知海山兄弟的人已经带着密信出发了，于是密令停发驿马，等到海山兄弟俩收到信件的时候，说不定她想拥立的人已经登基了。

然而，皇后没想到的是，送信的康里脱脱更加聪明。得知皇后停发驿马的消息，康里脱脱灵机一动，通过哥哥修改了提马日期顺利离开京城。另一边，右丞相哈剌哈孙则假装卧病在床，不处理政务，拖延时间。

两兄弟获悉了元成宗去世的消息。由于海山距离大都太远，无法及时返回，于是率军在和林驻扎观望局势；爱育黎拔力八达则和母亲答己迅速返回大都。他们和右丞相哈剌哈孙里应外合，扳倒了皇后卜鲁罕等人。

虽然来自皇后的威胁没有了，但是一个更大的问题出现在众人面前。群臣也是面面相觑，之前右丞相光说拥立海山兄弟两人，可这两兄弟总不能一起当皇帝吧，具体该拥立谁呢？

局势一下子变得不可捉摸，几个皇室宗王劝说爱育黎拔力

八达："别管你的哥哥了，他现在离大都这么远，你直接登基，等他到了一切都已成定局。"他的母亲答己也觉得爱育黎拔力八达性格宽厚，要是由他登基，很是恰当。于是她灵机一动，想了个"好方法"。

海山听说弟弟和母亲回到大都成功地解决了卜鲁罕，此时，他还在和林美滋滋地等着大都派人来迎接他回去登基呢。没想到人倒是来了，带来的却不是什么好消息，而是一封莫名其妙的卦书。卦书是他的母亲答己差人送来的，卦书里说，海山的未来有灾难，容易早逝，而爱育黎拔力八达一生平安，可以活得长久。

看了这封来自母亲的信，海山的火气一下就上来了。"这是什么意思！我在边关驻守十年，立下无数功劳。更何况按照长幼次序，也应该是我登基。要是我犯下什么错也就罢了，现在居然拿着伪造的卦书告诉我，我容易早死不适合当皇帝。身为母亲，却诅咒自己的孩儿？这算什么母亲！"怒火中烧的海山二话不说，亲自率领三万大军向大都赶去。"这个皇帝我还当定了！"

答己也没想到，本来打算劝退海山的一封信，反而更加坚定了他继承帝位的决心。眼看着大军兵临城下，答己和爱育黎拔力八达慌了神。还能怎么办？再多的阴谋诡计，面对海山的大军也无法奏效。答己为了保全小儿子的性命，只能从中调停，顺从海山让他当皇帝。

海山顺利登基，是为元武宗，虽然母亲和弟弟的举动让他有些寒心，但海山依旧十分顾念亲情。他暗自感念："我能够顺利登基，毕竟是依仗着母亲和弟弟解决了卜鲁罕的势力。现在我已成功登上了皇位，不如就将弟弟立为太子，让他当下一任皇帝吧。"

于是，在海山登基的第八天，他就将自己的弟弟立为皇太子，并且和他签下约定：皇位"兄终弟及，叔侄相承"。意思是海山当皇帝时，必须将爱育黎拔力八达立为太子，爱育黎拔力八达去世后，再传位给海山的儿子。反过来也是，两兄弟的家族一代代地轮换做皇帝。

后来，虽然很多大臣上书劝阻，希望海山改变心意立自己的儿子为太子，海山依旧不为所动，坚守了与弟弟立下的约定。

也不知道是不是被那卦书言中，元武宗海山英年早逝，享年三十一岁。而他在位也仅仅三年多。至大四年（公元1311年）正月，皇太子爱育黎拔力八达继承了皇位，成为下一任皇帝，史称元仁宗。

溪凫图（局部）[元] 陈琳绘
现藏台北故宫博物院

🌸 历史加油站

《大元通制》

　　大蒙古国和元朝的法典一直都很不完善，甚至到了元仁宗爱育黎拔力八达即位时，一个全国通用的法典都未编成。而元仁宗对法典颇为重视，登基的当月便下令整理收集忽必烈时期运行的一些律令法规，并打算编撰法典《大元通制》。只是他低估了这项工作的难度，这项法典直到他的儿子元英宗即位后两年，才彻底编撰完成并颁布。

15 "非法君主"

在元朝的历史上，有这样两位皇帝。他们是一对父子，既没有汉文庙号和谥号，也没有蒙古汗号。后人将他们分别称为元泰定帝和元天顺帝。

元武宗海山驾崩后，履行"兄弟之约"将皇位传给了元仁宗爱育黎拔力八达。但并不是所有人都能保持初心不变，元仁宗在母亲和权臣铁木迭儿的鼓动下，还是没能忍住皇位的诱惑，把本应该在他之后继承皇位的和世㻋（là）逼走，将自己的儿子硕德八剌立为太子，硕德八剌就是以后的元英宗。

虽然皇位是违背了誓约得来的，但硕德八剌在主持政务期间却不失为一位好太子。他时常对大臣说："父亲把这个天下交给我，我每天兢兢业业生怕哪里做得不好，你们也一定不要懈怠，要恪尽职守。"

可惜硕德八剌即位后，一心只关注天下百姓的疾苦，推行的新政令虽然使国力大为强盛，却损害到了蒙古贵族的利益。这些贵族可不管老百姓生活得好不好，他们只在乎自己的金银财宝有没有变得更多。硕德八剌在巡幸期间，遭遇政变，被权臣铁木迭儿的义子铁失杀害，史称"南坡政变"。

自此，元仁宗一脉已经无后。铁失等人将目光放在了忽必烈的嫡曾孙、甘麻剌的儿子也孙铁木儿身上。面对着送上门来的皇位，即使知道"兄弟之约"的另一脉——元武宗海山还有后人在，也孙铁木儿也没有丝毫犹豫，果断登基。

但这个皇位终究是政变得来的，虽然看起来也孙铁木儿的登基和铁失的谋反并没有什么直接联系，但为了皇位能够坐稳，也孙铁木儿不想落人口实，还是将一干谋反的逆臣全部诛杀，并改元"泰定"，希望自己的统治可以安稳长久。

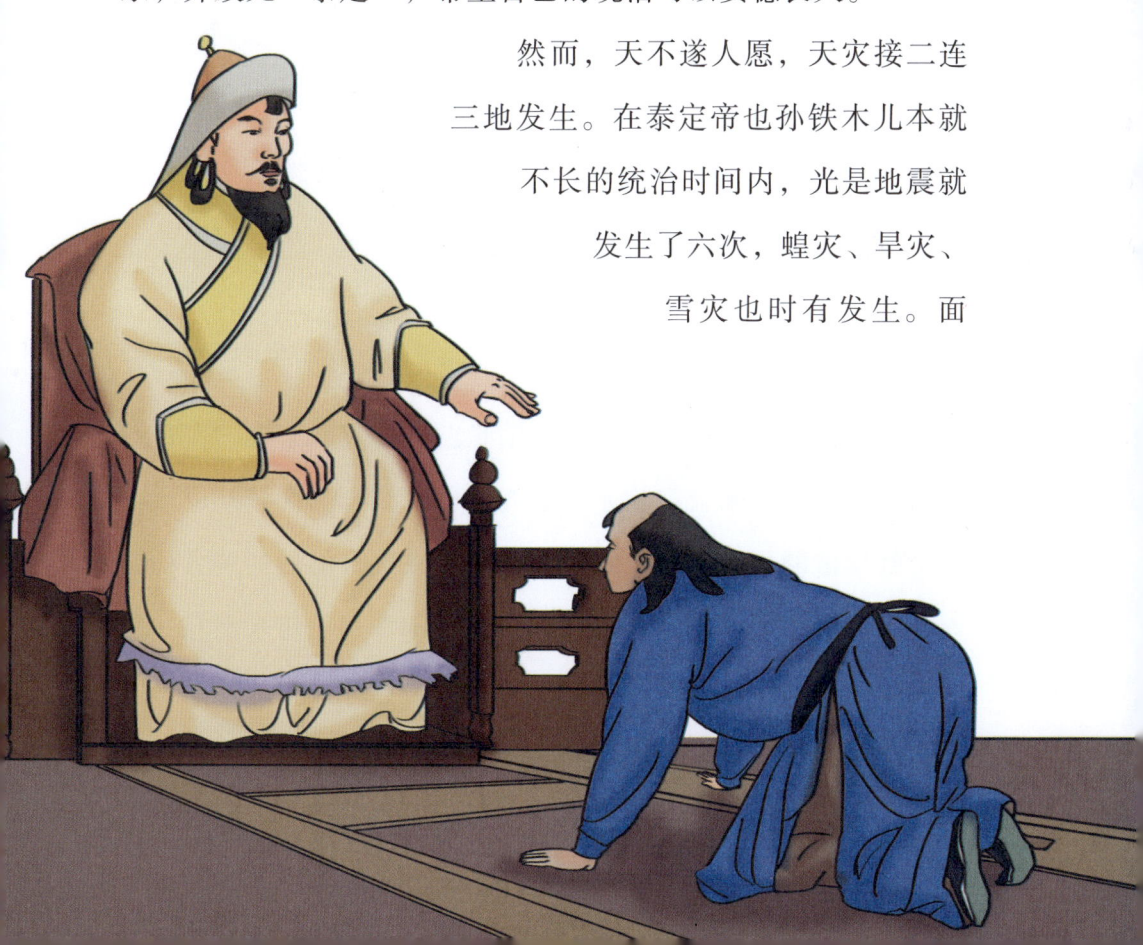

然而，天不遂人愿，天灾接二连三地发生。在泰定帝也孙铁木儿本就不长的统治时间内，光是地震就发生了六次，蝗灾、旱灾、雪灾也时有发生。面对这样的情况，也孙铁木儿蒙了，要是发生什么战事，还可以凭借武力镇压，这天灾该怎么办才好？这难道这是上天对他的惩罚？

坐上皇位五年后，也孙铁木儿在上都病逝。当时的皇太子阿剌吉八才九岁，根本没有能力领导群臣。右丞相倒剌沙为了长期把持朝政，竟然在长达一个多月的时间里没有扶立新君，引发了朝野的猜疑和忧虑。这时，在元朝的另一处都城——大都，迎来了一批意想不到的人马。

晴川送客图（局部） 赵原绘
现藏美国大都会艺术博物馆

元武宗海山的次子图帖睦尔回到了大都，这可不是一个好消息。按照"兄弟之约"，硕德八剌的位置本来就该是元武宗儿子的，更别提通过权臣政变才得到皇位的也孙铁木儿了。图帖睦尔在这个时候回到大都，这是来者不善啊。果然，没过多久，大都那边就传来消息：元武宗之子图帖睦尔登基了！

被对手抢得了先机，先前阻挠皇帝即位的丞相倒剌沙得不偿失，迅速让阿剌吉八即位，不然正统就到了图帖睦尔那边。于是，元朝在这一时期出现了两位皇帝——图帖睦尔和阿剌吉八，他们分别在元朝的两座首都——大都和上都。两都之战一触即发。

阿剌吉八率先派兵攻打大都。一开始两边打得有来有回，可随着时间的推移，阿剌吉八的军队逐渐力量不支。一个多月后，大都派出的军队包围了上都。元朝经过短暂的分裂后再次统一。

无论从"兄弟之约"看，还是从"南坡政变"看，也孙铁木儿父子俩的皇位来的都不是光明正大的。元文宗图帖睦尔顺利赢得内战后，这父子俩被视为非法君主，身份不被承认，没有汉文庙号、谥号和蒙古汗号，就连也孙铁木儿的父亲甘麻剌也被剥夺了庙号，去世后还受到牵连。

◦ 历史加油站

南坡政变

南坡政变的起因除了新政触及了蒙古贵族的利益以外，还有一个人在这场政变里起到了很重要的作用，他就是权臣铁木迭儿。铁木迭儿在朝廷任职期间可谓是作恶不断，元英宗对他深恶痛绝。于是在两都巡幸期间，怀恨在心的铁木迭儿的义子铁失纠集了一批对元英宗不满的人突然发起了政变。这次政变没有丝毫预兆，元英宗就被刺杀了。

16 两次即位的元文宗

元武宗有两个儿子，长子和世㻋与次子图帖睦尔。按照"兄弟之约"，应该由和世㻋继承皇位。燕铁木儿在迎接图帖睦尔的同时，也派人联络远在察合台汗国避难的和世㻋，请求他返回大都接任皇位。由于远隔万里，和世㻋收到消息后即便全速往回赶，至少也要在一年后才能回到大都。为了争取时间、安抚人心，燕铁木儿只得先拥立图帖睦尔为帝，史称元文宗。

两都之战结束后，元朝重新归于一统。元文宗图帖睦尔虽然再度遣使迎接和世㻋，但心里却很是舍不得皇位。因为，两都之战是在图帖睦尔的领导下打赢的，哥哥和世㻋一点儿功劳都没有，凭什么做皇帝？

公元1329年，和世㻋在使者和大臣的簇拥下在漠北登基，是为元明宗。图帖睦尔履行诺言，让位给哥哥。燕铁木儿携带着玉玺前往漠北，并与和世㻋一同返京。

和世㻋即位后，马上宣布立自己的弟弟为皇太子，打算投桃报李。可坐过一次皇位的图帖睦尔，体会过了这种"万人之上"的感觉，再想放手就没有那么容易了。看到自己的哥哥登基为帝，图帖睦尔的心情十分矛盾，但自己已经宣告天下，也不好出尔反尔，只能就此作罢。被封为皇太子的图帖睦尔并没有老老实实、安分守己，他在暗中掌控了大笔经济资源和政治资源。

和世㻋登基时，整个朝堂之上并没有什么值得信任的人。虽然燕铁木儿最早提出拥立和世㻋，但此时的他却完全改变了

心意。和世㻋返回后，很快就把自己的亲信安插进元朝各个机构，把燕铁木儿的人踢了出去。燕铁木儿看在眼里，急在心中，感到深深的恐惧，偷偷地和图帖睦尔在暗中谋划。

八月初一，和世㻋在元中都（今河北省张北县北部）宴请重臣，图帖睦尔也从大都赶来。宴会上，和世㻋和自己的弟弟喝得十分高兴，群臣们看着这一对和睦的兄弟十分感叹：兄弟俩感情如此深厚，怪不得图帖睦尔愿意把皇位让给和世㻋。

可是谁也没有想到，这场兄友弟恭的宴会竟然变成了和世㻋的催命宴。宴会后没几天，和世㻋突然暴毙。元朝一下子群龙无首，图帖睦尔在大臣的拥戴之下重新登基为帝。关于和世㻋突然去世的原因有很多猜测，但图帖睦尔登基已成事实，也就无人敢提了。

五年后，元文宗图帖睦尔病逝，临终前，他说出了和世㻋暴毙的实情："当初哥哥和世㻋去世，是我这辈子犯下的最大错误。每天深夜，我都十分悔恨。可是哥哥已经离去，曾经做错的事情无法挽回，等我死后，我要把皇位传给哥哥的儿子来赎罪。"

人之将死，其言也善。想起和世㻋即位后，没有对图帖睦尔做过多防备，甚至将他立为皇太子，打算将来把皇位传给他。元文宗图帖睦尔，这位两次登基的皇帝，在谋害了自己的兄长后，午夜梦回之际，想必都会受到良心的谴责。

秀野轩图（局部）[元]朱德润绘
现藏故宫博物院

🌢 历史加油站

《经世大典》

《经世大典》是元朝官方修著的政书，又名《皇朝经世大典》，是元代典制的集大成者。其中的内容相比于后人编撰的《元史》来讲更加可靠，真实性更强。《经世大典》不仅是后世对元朝历史研究的珍贵资料，甚至《元史》的很多篇幅都是以《经世大典》的内容来进行参考编撰的。

17 亡国之君

他出生于元朝最为动荡的时代，年幼的他亲眼见到元朝帝位的频繁更迭。年仅十岁的他被放逐海外岛屿幽禁，甚至还被污蔑不是父亲亲生的孩子。他就是元惠帝妥懽（huān）帖睦尔，元明宗和世㻋的长子，元朝全国统一政权最后一个皇帝，一个亡国之君。

元文宗图帖睦尔即位后，妥懽帖睦尔被流放至广西静江的大圆寺。年幼时的妥懽帖睦尔是个性格开朗、活泼好动的孩子。即使被幽禁、被流放，在这个孩子的脸上似乎看不到一点儿愁绪。明明是皇子，却和普通人家的小孩一样，喜欢撒尿和泥、下河抓鱼、上山打鸟，没有一点儿皇家贵族的样子。

教导他的秋江长老时常教训他："你是太子，金枝玉叶，不像平常人家的孩子。看见有大官来了，不要乱说话，更不要不自重。"长老的一番话妥懽帖睦尔倒是听进去了，不过每次都是装装样子。有官员来巡查这个被幽禁的太子时，他就正襟危坐，面容严肃，而官员前脚刚迈出大门，他立刻又开始嬉皮笑脸。秋江长老对此也是颇感无奈。

后来，元文宗图帖睦尔驾崩，临终前对于毒害兄长一事十分愧疚，并决定立妥懽帖睦尔为帝，希望能够赎罪。可是权臣燕铁木儿当道，元文宗一死，再也没有人能够压制他。他偷偷压下了皇帝的遗诏，并且对外宣称继承先帝"遗愿"，拥立元明宗的次子懿璘质班（妥懽帖睦尔异母弟弟）即位。

懿璘质班当时年仅七岁，他当皇帝，只能说是一个傀儡。可没想到，懿璘质班似乎没有这个福分，当上皇帝后两个月便去世了。后来，燕铁木儿又想拥立燕帖古思（曾用名古纳答剌，元文宗图帖睦尔与卜答失里皇后的次子）继位，但在元文宗皇后卜答失里的坚持下，最终妥懽帖睦尔得以登基。

在世人看来，作为亡国之君的妥懽帖睦尔肯定因为无能才导致国家灭亡的。事实却不是这样，早期的妥懽帖睦尔可以说是一个十分英明的皇帝。在妥懽帖睦尔即位前，元文宗的皇后卜答失里把持朝政，

权臣燕铁木儿肆意妄为，本就留下了诸多祸患。在他即位后，势单力薄，可谓是真正的"孤家寡人"，即便燕铁木儿去世后，朝堂之上又出现了权臣伯颜玩弄权术、排斥异己。

谁都没有想到，妥懽帖睦尔早就下定决心除掉奸臣，他和伯颜的侄子脱脱里应外合，准备拨乱反正。趁着伯颜一次出门狩猎的机会，妥懽帖睦尔发动政变，将伯颜一举罢黜流放。妥懽帖睦尔这才终于实现亲政。

亲政后的妥懽帖睦尔任用脱脱为右丞相，并进行了一系列的改革，一时之间，整个元朝似乎又焕发出了新的生机。然而，这却只是王朝覆灭之前的回光返照罢了。元朝内忧外患，加上天灾频发，社会动荡不安。农民起义之势已经不可抵挡，元朝在中原地区的统治岌岌可危。

元朝后期，奸臣哈麻蛊惑妥懽帖睦尔，致使脱脱被驱逐，并在途中被杀害。之后，妥懽帖睦尔日渐堕落，每天声色犬马。当明军攻打到大都时，妥懽帖睦尔直接慌了神。面对请求他死守的官员更是理都不理，慌忙弃城出逃。在逃向上都的途中，他还对身边人说："朕不出京城，都不知道外边已经这样了。"可见当时的妥懽帖睦尔已经荒废政事很久了。

自此，元朝长期以来对蒙古和中原地区的大一统结束。由于元惠宗妥懽帖睦尔仓皇出逃，中原地区被明军占领，只剩下老家蒙古地区。

青铜鎏金释迦牟尼佛苦行像
现藏美国克利夫兰艺术博物馆

历史加油站

元朝末代权臣伯颜

　　元朝的历史上出现过两个伯颜。一个是元朝初年，受忽必烈赏识的能臣；一个却是元朝末年把持朝政的权臣。元文宗时期伯颜地位很高，仅次于当时的权臣燕铁木儿，但实际上并没有什么权力。燕铁木儿死后，伯颜才起势，乃至整个天下人都只知道伯颜，不知道皇帝元惠宗。

　　元朝末年，权臣当道。在伯颜起势后，燕铁木儿的儿子曾说过这样一句话："这天下本来是我家的，伯颜是什么东西，居然地位在我之上。"一个臣子说出这样的话，可见当时的皇帝已经被权臣架空成什么样子了。

18 脱脱改革

元朝末年,权臣伯颜当道,民不聊生。可在这位权臣伯颜的家里,却出现了这样一位人物。他大义灭亲,助帝夺权,拯救元朝于水火之中,他就是被称为"贤相"的脱脱。

脱脱是有名的文臣,官至丞相,可他小时候却不是个爱读书的人。脱脱自幼和普通孩子不同,他臂力惊人,能拉开一石的大弓,旁人赞叹道:"嘿!这小子以后一定是一个厉害的武将。"然而,脱脱的未来却和武将背道而驰。

脱脱的老师是当时有名的儒士吴直方,他时常规劝脱脱读书。脱脱还是很听老师的话的,虽然不喜欢坐在那里一动不动地读书,但也还是耐着性子坚持完成。多亏了吴直方,脱脱才没有在不学无术、只知道舞枪弄棒的路上一去不复返。

脱脱出身蒙古贵族,当时权倾天下的权臣伯颜便是他的伯父。有这样的关系,脱脱的仕途可谓是十分顺利。对于自家出色的侄子,伯颜也很放心,到了后来更是直接把他调入官中,打算让他监视元惠宗妥懽帖睦尔的一举一动。

脱脱虽然从小就在伯颜家里长大，可是，随着年龄逐渐增长，他意识到了伯父的所作所为并非正义之举。脱脱和父亲商量："伯父现在气焰越来越嚣张了，要是真让皇帝生气了，我们整个家族都会受到牵连。我们应当在他未败之时提前做好准备。"

　　脱脱的父亲自然也明白这个道理，可一直以来连皇帝都拿伯颜没什么办法，更别提他们了。一旦失败了，伯颜可不会挂念什么家族亲情。

　　脱脱又请教他的老师吴直方，老师对他说："你知道大义灭亲吗？臣子本就应该忠君爱国，就算失败了，也是天意，后世评价你也是一个忠义之士。"脱脱终于下定决心，铲除奸臣。

在元惠宗的支持下，脱脱和伯颜的斗争最终取得胜利，原本"名不副实"的皇位终于回到元惠宗妥懽帖睦尔的手中。元惠宗妥懽帖睦尔对脱脱十分信任，将权力放心交到脱脱的手中，让脱脱一展抱负。

脱脱上位以后，就开始大刀阔斧地改革。伯颜为了方便自己敛财，将朝堂规则搅得一团乱。要想让元朝重回鼎盛，剔除旧政、实行新政是十分必要的。而且现在朝堂之上遍布着伯颜曾经的亲信，若想顺利改革，就得将他们全部换下来。

因此，脱脱开始着手恢复科举制度，选拔人才，重用有能力的汉臣。此外，还置宣文阁，恢复太庙四时祭；整顿地方官员贪污的现象，平反昭雪一批冤狱；下令免除百姓拖欠的各项税收，放宽了对汉人、南人的政策，并且开马禁；组织了汉族史学家欧阳玄、揭傒斯等人，畏兀儿族廉惠山海牙，沙剌班，蒙古人泰不花等人一起参与编写宋、金、辽三史。脱脱的这场改革被称为"脱脱更化"。

在伯颜时期，权力高度集中在伯颜手中，不光是汉人遭到打压，一部分蒙古贵族也受到了压迫。出身蒙古贵族，亲近汉人的脱脱成了调节各方关系的"润滑剂"。元惠宗对他的一系列新政十分赞扬，称赞道："人中脱脱，马中天马。"

改革的第四年，脱脱因伤病不得已辞官。元惠宗对这个和自己一起"共患难"过的丞相自然是十分舍不得，直到脱脱连续上书十七次，去意坚决，元惠宗才不得不同意了脱脱的请求。

脱脱也没想到，他离开朝堂之时，元朝看起来欣欣向荣，十分鼎盛，而他离开朝堂之后，没过几年，元朝就变得岌岌可危——天灾不断，人祸频发。脱脱辞官回家的第五年，元惠宗对混乱的局势没有对策，只能再度请脱脱出任丞相，希望这个曾经救自己于危难的丞相能够再一次拯救元朝。

脱脱领命再度拜相。经济衰退，纸币贬值，那就变更钞法；天灾不断、河患频发，那就治理黄河。可脱脱终究只是一个寻常人，更何况他之前辞官的原因是身体不好。元朝的弊病实在太多了，他没有足够的精力来处理好每一件事。官员贪污，内部腐败，农民起义，他只能看在眼里，急在心中。

元惠宗坚信脱脱可以挽救这个国家。可当农民起义的奏折摆到他面前时，他开始表现出对脱脱的失望："你说这天下太平无事，你看看这是什么！你有什么办法来解决这一切！"

在奸臣的不断挑拨下，元惠宗没有坚持住对脱脱的信任，最终脱脱被贬，含冤而死。

钧窑天青釉紫斑如意枕
现藏台北故宫博物院

🔵 历史加油站

元惠宗的谥号

　　孛儿只斤·妥懽帖睦尔，名字的蒙古语意为"铁锅"。他是元朝第十一位皇帝，大蒙古国第十五位大汗，也是元朝作为全国统一政权的最后一位皇帝，北元政权的第一位皇帝。他的本名实在是太难读了，人们习惯称呼他为元惠宗或者元顺帝。但为何他有两个谥号呢？

　　原本，妥懽帖睦尔在元朝的谥号为元惠宗。朱元璋北伐攻打元朝，元惠宗见势头不妙，果断同元朝大臣和士兵退出元大都，一路向西北逃窜，建立了北元政权。

　　妥懽帖睦尔去世以后，朱元璋为了"表彰"元惠宗果断撤出元大都的功劳，就以"知顺天命，退避而去"，尊其为元顺帝。

19 大明和北元

在元泰定帝统治期间，天灾不断，官吏贪污，压迫民众。随着"弥勒佛当有天下"的口号声响起，元朝末年的农民起义拉开了帷幕。

古代的农民起义大多数都是带有宗教性质的，很多领袖都自称为各种"神仙转世"。元朝时期，佛教信仰盛行，因此最早的农民起义也是以佛教信仰为依托。

不过在元朝廷看来，农民起义虽然造成了一定的麻烦，可要说动摇统治，还远远不够。这个时候，一群头戴红巾的人站了出来，他们原本只是在黄河工地上服役的农民。

黄河决堤本是天灾，开凿河道既是为了百姓好，也可以保证朝廷的利益。可监督工程的官员不管那么多，整修黄河堤坝的工事在他们的眼中不过是中饱私囊的工具。在他们的压迫之下，农民们每天不光要面对繁重的劳作，还吃不饱穿不暖，甚至连睡觉的地方都没有。

这一切都被北方白莲教的首领韩山童看在眼里，这个时候不反抗还要等到什么时候？他和手下偷偷凿了一个独眼石人，扔到了即将整修的河道里。

干活儿的民工们挖出了石人，惊诧不已："这难道是老天爷给我们的暗示？"

"莫道石人一只眼，挑动黄河天下反。"这句民谣开始在黄河畔不断流传，这群头扎红巾的人最终走入了人们的视野，反抗腐朽统治的烈火被点燃。

一支由韩山童领导，以黄河服役农民为主要力量的队伍，从颍上起兵。在看到韩山童的红巾军取得了一定战果后，另一支由徐寿辉、彭莹玉指挥的队伍，也揭竿而起，直接攻占了蕲州（今湖北省蕲春县）。

红巾军，因为他们与众不同的着装特色而得名，两支起义军都被称为红巾军。他们是元朝末年对抗腐败统治的重要力量，元惠宗真正的心腹大患。

在很多民众看来，红巾军不是叛军，而是"正义之师"，是来解救他们于水火的英雄。两支红巾军的起义并没有被元朝的军队扑灭，人数反而越来越多。红巾军每到一个地方，就有无数贫苦的农民响应他们的号召，加入进来。

元朝的军队面对着声威浩大的红巾军，只能溃败而逃。朝廷中，唯一有能力的脱脱还被元惠宗解职了。脱脱一被解职，他所率领的大军更是军心涣散，很多人甚至干脆叛变到了红巾军的阵营里。此消彼长之下，元朝的灭亡已成定局。

红巾军的势力极大，连后来的明太祖朱元璋都是从红巾军中发迹的。而红巾军起义的同时，泰州的张士诚也起兵反抗，牵制了元朝的兵力，让红巾军更为壮大。

元军逐渐溃败，农民起义大势已成。当下几支队伍的首领也起了心思，大家可以一起反抗元朝统治，但要坐皇位的话，可不能几个人一起坐。

公元 1351 年，徐寿辉率军攻占蕲水（今湖北省浠水县），被拥立为帝，立国号为天完（一说大宋）。公元 1354 年，张士诚在高邮（位于今江苏省扬州市境内）建立临时政权，立国号大周，改元"天祐"，自称"诚王"。公元 1355 年，韩山童的儿子韩林儿在亳州（今安徽省亳州市）称帝，立国号为宋，年号龙凤。后来，徐寿辉这一支红巾军内部四分五裂。公元 1360 年，徐寿辉部将陈友谅叛变，在采石（今安徽省马鞍山市西南）将徐寿辉杀死，立国号大汉，年号大义。而徐寿辉的另一个部将明玉珍也在重庆自立为帝，立国号为夏。

这几支起义军队伍对元朝大军步步紧逼，彼此之间还互相牵制，这可乐坏了朱元璋。朱元璋原本只是红巾军中的一员，虽然有一些势力，但相比这几支起义军还有差距。

在红巾军内部纷争不断时，朱元璋并没有跟这些人搅和到一起，他的心里有更大的志向。朱元璋不声不响，暗自发展势力、笼络民心、召集人才。等到其他人反应过来的时候，朱元璋已成气候，谁也无法忽视了。趁着起义军内斗，朱元璋将他们逐个消灭，起义军最终被朱元璋统一。

公元 1368 年，朱元璋正式称帝，建国号大明，高喊着"驱除胡虏，恢复中华"，大军剑指元朝。这个时候的元惠宗还在沉迷酒色，不问政事。等到明朝大将徐达攻克大都时，元惠宗仓皇而逃，退到北方的上都。自此，元朝覆亡。

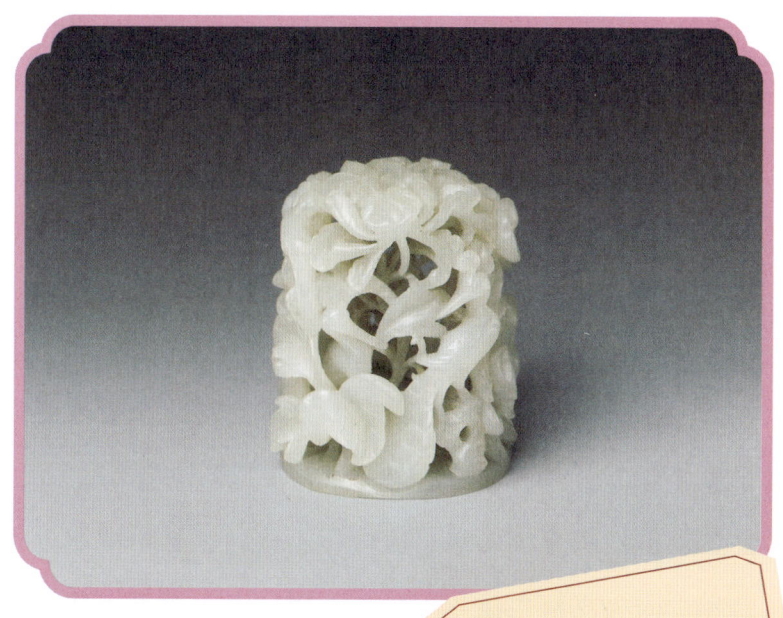

玉帽顶
现藏美国大都会艺术博物馆

🌸 历史加油站

大文豪的起义梦

施耐庵和罗贯中都参加过农民起义。施耐庵是一个通才，文武双全，他和元末起义军首领张士诚是老乡。施耐庵听闻张士诚是一个礼贤下士的明主，便携带得意门生罗贯中来投奔，希望能够凭本领，干出一番大事业。但是他们很快就发现张士诚并不是他们心中所向往的明主，张士诚做事经常一意孤行，不听劝阻。施耐庵和罗贯中心灰意冷，转而去写小说，中国四大名著中的《水浒传》和《三国演义》由此诞生。

20 文人的哀叹

在元大都，一个读书人正落寞地走在街道上。看着眼前繁华的景象，他的心里却没有丝毫欢喜。这个读书人就是关汉卿。

关汉卿出生于金朝末年，家境还不错，祖祖辈辈都以行医为生，年少时关汉卿也读了不少书，因此对于读书入仕多少也有些向往。

可真来到元朝的大都时，他不禁傻了眼："这和我想象的不一样啊！"虽说读书人不至于就高人一等，但怎么说也不该比谁低下吧。

在忽必烈统治时期，汉人的地位多少有些提升，但当家做主的还是蒙古人。蒙古族的喜好与汉族显然不同，汉族讲究的是委婉含蓄，蒙古族则奔放豪迈。他们喜欢的是在草原上纵马狂奔、饮酒高歌，什么诗词歌赋、史书文章，在他们眼中太小家子气了！在这样的环境里，读书人的地位还真不比乞丐高多少。

科举制度被废除已久，能在元朝当官的都是蒙古族的权贵，

只有少数几个汉人被忽必烈相中,成为"幸运儿"。受到掌权者的影响,民众对读书也没有向往,甚至还觉得"不读书最高,不识字才招人喜欢"(出自《[中吕]朝天子·尽教》)。

于是,许多苦读诗书、满怀期待想要一展抱负的人,最终却发现在元朝根本没有上升空间。不能当官怎么办?这些读书人都没了指望,只能天天沉迷饮酒、荒废时光。这个时候,关汉卿走了出来，为天下的读书人做了个榜样。

虽然有着同样的遭遇，可关汉卿向来是个洒脱不羁的性子。

"做不了官就不做呗，总不能不活了吧。"这大概就是他内心的想法。为了谋生，他混迹于各大娱乐场所，发现了一个有意思的东西——杂剧。这是从宋朝就流传下来的一种表演形式，大多以滑稽搞笑为主，说起来跟现在的小品有点儿像。

杂剧给关汉卿的人生打开了一扇新的大门。读书人最擅长的是什么？写东西！他开始苦心创作，打磨剧本，还夹带了一些"私货"，把自己对生活的观察，对腐败朝廷的不满，统统写了进去。就这样，《窦娥冤》诞生了。

包括关汉卿自己在内，谁都没有想到，《窦娥冤》一面世就如此火爆，风靡一时。也许是它丰富的剧情打动了人心，也许是它简单易懂的白话令人沉浸其中，这出杂剧成了当时元大都居民必看的演出。

普通百姓们只关注剧情是否精彩，更多郁郁不得志的读书人看到的却是《窦娥冤》中表现出来的蒙古贵族和地方官员对百姓的压迫，以及背后的黑暗统治。这无疑给读书人指明了另一条路：做不了官，还可以搞创作，通过创作来抒发自己的情感和志向。

在元朝，诗词都没落了，读书人不受待见，但在杂剧的基础上诞生出了新的艺术形式——元曲。元曲不光只有通俗易懂的元杂剧，还有另外一种类似诗歌、独属于文人的元散曲。

由于表现形式不同，杂剧的兴起其实相比散曲更简单。直白的对话，生动的人物，再加惟妙惟肖的表演，谁不爱看呢？而散曲则更像是一种诗歌，它被记录在纸上，借以抒发胸臆。在元曲发展的中期，散曲逐渐成为诗坛的主要体裁。整个元曲的创作中心更是逐渐南移，文字也从白话逐渐变成雅言，风格更是带上了浓厚的南方气息，多以文人韵事为题材。

到了元朝后期，元曲的创作变得更加讲究。在艺术上，散曲会刻意加工，格律辞藻要精心打磨，元曲变得更加"高大上"了。

可随着元朝统治日益腐朽，各地农民起义不断，人们的生活又陷入战争状态，元曲终究还是渐渐衰落下去了。朱元璋一统天下后，明朝兴起，元曲也渐渐退出了人们的视野，只留下满目疮痍的土地和流离失所的百姓。正如元代文学家张养浩在《潼关怀古》中所写的："兴，百姓苦；亡，百姓苦！"

[元]朱碧山银槎(chá)
现藏美国克利夫兰艺术博物馆

🌸 历史加油站

元曲四大家

元曲四大家为关汉卿、马致远、郑光祖和白朴。其中,关汉卿位居"元曲四大家"之首。著名的元曲有四大悲剧和四大爱情剧。四大悲剧分别是关汉卿的《窦娥冤》、白朴的《梧桐雨》、马致远的《汉宫秋》以及纪君祥的《赵氏孤儿》;四大爱情剧分别是关汉卿的《拜月亭》、白朴的《墙头马上》、郑光祖的《倩女离魂》以及王实甫的《西厢记》。

元大都土城遗址（都城介绍）

全国总经销

捧读文化
触及身心的阅读

出 品 人　张进步　程　碧

责任编辑　王云弟　张紫薇
特约编辑　方黎明　张浩淼
内文排版　刘兆芹　张晓冉
内文插画　张　宇
封面设计　陈旭麟 @AllenChan_cxl